叢書刊行の辞

二一世紀も一〇年を過ぎた今日、わたくしたちは、如何なる文明の萌芽を見出しているのか。新たな文明を構築せんとしているが、依然として混迷の時代に生きている、これが実感ではなかろうか。

過ぎ去りし二〇世紀は、貧困からの解放と物質文明の時代であった。この文明に大きく寄与したのは企業であり、その世紀は物質経済を中心とした企業文明でもある。その企業経営を主な研究対象とした経営学は、まさに二〇世紀の学問である。

実の経営の世界とともに生き、歴史を刻んできた。これまでの経営が、時代の流れに沿
時には時代の流れに立ち向かってきたように、経営学もまた、時々の経営と相携えながには、時代を生み出す経営の理論化を試み、またある時には、現実の経営の批判を通しいかけを行ってきた。

経営学は、その成立以来、現実の経営の世界からの要請に応えるような形で展開し、そに向けて関連する諸分野の知見を統合する学問として時代に応えてきた。日本においてツに、肉をアメリカに」求めた経営学研究であったが、社会科学を標榜しつつも、基

本的には現実の経営の世界からの実践的要請に応え、現実の経営とともに物質文明への貢献をなしてきた。そして、物質の豊かさを謳歌さえすればよかった時代が過ぎた今、わたくしたちには、物質文明の負の遺産を背負いつつ持続可能な社会を実現しうる、二一世紀の新たな文明の構築が求められている。それは同時に、二〇世紀とともに生きてきた経営学の存在を問い直さねばならないということを意味している。

経営学の存在を問い直すこと、それは、これまでの現実の経営がその時代の中で生かされてきた「生活世界」――これは、科学の根源的基盤でもある――に眼差しを向けて経営の存在を問い、そこに経営学を基礎づけ、その歴史を顧みることである。歴史は過ぎ去ってはいるが、今ここに、経営学の現在の基礎として存在する。そして未来も現在のうちにあり、創造しうる未来は関連する過去を契機とするものに他ならない。それゆえに、今ここにあるわたくしたちは、二一世紀という未来への契機となすために経営学の歴史を紐解くことが要請されよう。

このような時機に、二〇一三年に創立二〇周年を迎える経営学史学会は、その記念事業として全一四巻の『経営学史叢書』を刊行することとなった。この『叢書』では、経営学の百有余年の歴史の中で批判を受けながらも今日なお多大な意義を有し、かつ「二一世紀の来たりつつある文明の諸相と本質を見通しうる視野を切り拓く」学説・理論を取り上げる。

各巻の基本的内容は、次の通りである。

（一）　学者の個人史を、時代的背景とともに明らかにする。

（二）学説の紹介には、①学者の問題意識と研究課題、及び対象への接近方法、②学説を支える思想、また隣接諸科学や実践との関連性、③学説の歴史的意義と批判的評価、を盛込む。

（三）学説のその後の展開を示し、二一世紀の課題に対する現代的意義を明らかにする。

『叢書』は、初学者を対象としているが、取り上げる学者の思想に基づく〝深み〟と、実践的広がりに基づく〝豊かさ〟を実現、研究者にも注目される水準を維持することを目指している。

各巻の責任編集者には、学会の叡智を結集する執筆者を選定し、『叢書』刊行の趣旨の理解とその意図を実現する、という多大な要求をすることになった。本書が経営学史学会に相応しい『叢書』であるならば、それは偏に責任編集者の貢献によるものである。

叢書編集委員会は、単に企画するだけではなく、各巻に「担当者」として委員を配置し、責任編集者と連絡を取り、巻の編集の開始から進捗状況の把握、刊行に至る過程全体に責任を持つという体制をとった。とくに河野大機編集委員長には、叢書全体の調整に腐心をいただいた。その尽力に深く感謝申し上げたい。また、前野　弘氏、前野　隆氏、前野眞司氏はじめ株式会社文眞堂の方々には刊行の全てに亘ってお世話になった。ここに感謝申し上げる次第である。

ますます混迷を深める二一世紀に向けた新たな文明の構築に、この『経営学史叢書』がわずかでも貢献することができれば望外の喜びである。

二〇一一年一一月二〇日

編集統括責任者　吉原　正彦

二〇一三年一月二八日、本叢書の編集委員長・河野大機氏が急逝された。河野氏は、その細やかなお人柄に相応しく、叢書の企画段階から、一巻一巻の刊行に至るまで、深いお心遣いをされ、全一四巻が刊行される最後の第四回配本を、誰よりも待ち望んでいた。ここに心より哀悼の意を捧げる。

『経営学史叢書』編集委員会

編集統括責任者
吉原　正彦（青森公立大学　経営学史学会前副理事長）

編集委員長
河野　大機（東洋大学　経営学史学会元理事）

編集委員（五〇音順）
小笠原英司（明治大学　経営学史学会理事長）
岸田　民樹（名古屋大学　経営学史学会理事）
辻村　宏和（中部大学　経営学史学会前理事）
福永文美夫（久留米大学　経営学史学会理事）
藤井　一弘（青森公立大学　経営学史学会理事　編集副委員長）
藤沼　司（青森公立大学　経営学史学会幹事）
三井　泉（日本大学　経営学史学会前理事　編集副委員長）

肩書は二〇一一年一一月二〇日現在

経営学史学会創立20周年記念

経営学史叢書 Ⅲ

メイヨー＝レスリスバーガー

George Elton Mayo/Fritz Jules Roethlisberger

――人間関係論――

経営学史学会監修

吉原正彦［編著］

文眞堂

G. エルトン・メイヨー（1880–1949）

フリッツ・J. レスリスバーガー（1898–1974）

写真提供者
吉原　正彦 氏

まえがき

本書は、経営学史学会創立二〇周年記念事業の一つとして刊行される『経営学史叢書』の第Ⅲ巻である。この巻で取り上げるのは、G・エルトン・メイヨー（George Elton Mayo, Dec. 26, 1880–Sep. 7, 1949）とフリッツ・J・レスリスバーガー（Fritz Jules Roethlisberger, Oct. 29, 1898–May 17, 1974）であり、彼らによって形成された人間関係論である。したがって、この巻のタイトルは『メイヨー＝レスリスバーガー』であるが、サブ・タイトルとして「人間関係論」を付けた。

時代は二〇世紀初め、大量生産と大量販売を実現するビッグ・ビジネスの台頭によって、アメリカ経済は繁栄の時代を迎えようとしていた。そうした時代に忘れられた問題、経営の人間問題を解明すべく生まれたのが人間関係論（Human Relations）であり、ハーバード大学経営大学院が舞台となる。舞台となったハーバード大学経営大学院では、当時支配的であった経済学に替わる経営の基礎理論を求め、思想家たちの知的交流によって生まれたのが人間関係論である。それゆえに人間関係論を明らかにするためには、まず当時のハーバード大学経営大学院の情況を明らかにしなければならない。

そして、人間関係論として経営学史上に名を連ねたのが、人間関係論の父と言われるメイヨー、理論を構築したとされるレスリスバーガーである。しかし人間関係論の生成には、ハーバード大学経営大学院の他に、もう一つの舞台が必要であり、偶然ともいえる舞台の設定があった。人間関係論の生成には、〝物語り〟としての歴史的興味をそそるものである。

偶然ともいえる舞台は、アメリカ電信電話会社の子会社であるウェスタン・エレクトリック会社のホーソン工場で行われたホーソン・リサーチ（Hawthorne Research）である。最初の調査は、学術的狙いではなく、〝工場に人工照明を導入すれば生産性が上がる〟とするアメリカ電気業界のキャンペーンに応えるべく全米研究評議会の依頼を受けて行われた。しかし実験は失敗し、全米研究評議会は手を引いたがウェスタン・エレクトリック会社は調査研究を続けた。その過程にメイヨーが参加し、人間関係論と呼ばれる経営学説が生まれたのである。それゆえ、人間関係論を理解するためには、もう一つの舞台のホーソン・リサーチを明らかにしなければならない。

歴史的出来事は、過ぎ去った現在からすれば、すべてが必然的なものとして合理的に記述されるかもしれない。しかし、多くの人々の努力に偶然という要素が絡み合いながら積み重ねられ、多くの意志が互いに交織し合い一つの学説が生まれた。それが人間関係論であり、『経営学史叢書』で取り上げられる他の学説とは異なる趣きを有している。

人間関係論は、経営が行われる人間協働における〝人間性〟を強調する人間関係の構築であった。その内容が〝人間関係〟なるがゆえに、その理論構築に向けては、メイヨーとレスリスバーガーそれぞれの人間関係における生き様が反映していることは否定できない。したがって、彼らの生涯から始めることによって、彼らの人間関係論をよりよく理解できるであろう。

人間関係論の特徴は、テイラーの科学的管理法が看過していた人間性を強調し、それを示す概念として非公式組織を中心とした人間関係の解明にある。両大戦間に生成された人間関係論は、第二次大戦後に生まれた行動科学によって、彼らの手から離れて様々な展開を迎える。人間関係論の名称は消え、人間性の探究を組み入れた動機づけ論、リーダーシップ論、そして人事管理理論への展開である。

以上、これまで述べてきたことが本書の流れを同時に示しており、本書の構成は責任編集者が行い、分担執筆にあたっては、経営学史学会の中堅・若手会員を中心に依頼をした。執筆者たちは、本書が完成するまでに二度集まり議論をして調整を行った。したがって、第Ⅲ巻全体については責任編集者がその責任を担い、各章各節については分担執筆者と責任編集者が共通の責任を負うことになる。

経営学の歴史を紐解けば、必ず人間関係論に出逢うであろう。しかし、人間関係論は、アメリカ経営学の創始者であるテイラーの科学的管理法のアンチテーゼとして位置付けられ、その後のバーナード理論への橋渡しのような存在となり、かつその後の経営学の展開からして、歴史的意義が評価されるものの、現代的意義の有無として論じられることがあまりない。

二一世紀という混迷の時代にある今日、人間関係論は、新たな光を放つことができるか。執筆者たちは、人間関係論が二一世紀の課題解明に向けた現代的意義を明らかにすることを意識して、それぞれの責任を果たそうとした。しかし、その責任を果たしたかは、読者の判断に委ねることになる。

（吉原　正彦）

目次

第一章　人間関係論
――その黎明――

第一節　二〇世紀初頭のアメリカ――「繁栄の時代」に向けて――

一　大量生産方式の出現

二〇世紀は、物質文明であった。物質文明の中心的役割を果たしたのは企業であり、その意味で、二〇世紀は企業文明でもあった。企業文明を強力に推進したのはアメリカであり、アメリカは二〇世紀初頭から大衆消費社会を迎えることになる。そして、大衆消費社会を創り出した原動力は科学技術であり、科学技術が大量生産―大量販売―大量消費の社会を生み出したといえる。

鉄道や電信のインフラ整備がなされた後の一九世紀末には、大量販売―大量消費を可能とする百貨店、通信販売店、チェーン・ストアといった大量販売業者の台頭による流通革命が始まり、農産物、繊維製品、食料加工品、医薬品などの産業においてみられた。その他の加工産業、金属加工業、機械産業などの複雑な生産方法を用いる産業では、生産技術の革新を待ってからのことである[1]。

そして、金属加工業という最も複雑な製品の大量生産を技術的に可能にしたのは、フォード（H. Ford）を中心とするフォード自動車会社（フォード社）であった。フォード社は、一九〇八年に低価格のT型車を開発し、世界的規模の販売組織をつくりあげ大量販売を可能とした。さらに一九一三年、フォード社は、大量生産—大量販売を実現するために、デトロイト郊外にあるハイランド・パーク工場でベルトコンベアーによる移動組立ラインを完成させた。この工場では、自動車製造に必要な原材料の連続的かつ規則的な流れが確保され、高度に専門化された作業を担う労働者によって部品が組み立てられ完成車が仕上げられる。これによって、T型車一台の生産の組立時間は一二時間八分から一時間三三分へと、約八分の一に短縮されたのである[2]。

こうした移動組立ラインによる大量生産を可能にさせたのは、第一に、各部品の標準化を徹底させた互換性部品の供給実現である。第二に、作業の細分化と標準化である。それまでの自動車生産は多能工という熟練の職人によるものであったが、作業を要素分解して細分化を行い、時間研究による時間軸による個々の作業の徹底した標準化を行ったのである。そして第三に、ベルトコンベアーによる生産組立ラインの構築である。それまでは固定された自動車シャーシに労働者が交替して部品を取り付ける据え置き組立であったが、シャーシをベルトコンベアーに乗せて移動させ、複数の生産ラインを同期化し、最終段階で合流させて完成品にする、流れ作業による移動組立の生産ラインである。

フォード社が開発したベルトコンベアーによる大量生産方式は、フォードが意識しようとしまいがテイラー（F. W. Taylor）の科学的管理法の展開、即ち、「作業の標準化」と「計画と執行の分離」である。「作業の標準化」は、組立作業の徹底した細分化と単純化による標準化であり、標準化された作業は、反復性と連続性であった。「計画と執行の分離」については、テイラーの場合には、計画および計画に基づく作業管理が現場の職長に任せられた職能別職長制度であった。しかしフォード社では、ベルトコンベアーによる移動組立ラインゆえに、ベルトコンベアーの速度によって労働者の作業時間も決まることになる。このことは二つの意味を持つ。第一に、労働者が行う作業内容と作業速度のすべてが機械の一部として一元化され、生産管理は現場職長の手から離れて集中管理がなされることになる。第二に、大量生産方式では、機械の一部としての労働とその担い手としての労働者とは完全に切り離され、その結果として労働者の問題を扱う人事労務の問題が新たな問題として取り上げられることになる。フォード社は、この生産技術の革新による大量生産方式によって製品価格を競争企業の半分にまで引き下げて大量販売を実現し、市場を拡大していったのである。

こうした自動車の移動組立ラインの出現は、金属加工産業だけでなく他の産業にまで広く導入され、近代における大量生産方式の最も知られた象徴となり、大量生産方式は流通革命によって大量消費を可能とし、アメリカ社会は大衆消費社会を迎えて行ったのである。

二　人事管理の成立と産業心理学

フォード社では、ベルトコンベアーの移動組立ラインによって、労働者の作業を含めて生産管理が一元化されたことから、それまで職長の権限とされた賃率設定、昇進、解雇を扱う雇用部が新たに設置された。もちろん、その設置の背景にはいくつかの要因があった。大量生産方式によって労働は単純作業となり、労働者は、熟練労働者ではなく、半熟練、不熟練労働者となり、その供給は大量の移民労働者に求められ、彼らを生産ラインに適応させなければならなかった。しかし細分化された作業の反復と連続に対する労働者の単調感や嫌悪感から、無断欠勤や労働移動が大きな問題となり、一九一三年に、労働者の定着を図るために労働関係全般を扱う雇用部が設置されたのである(3)。

各企業において人事管理を専門に扱う部門が多くなったのは、アメリカが第一次世界大戦に参戦した一九一七年からであった。戦争は生産増強に向けた労働者の増大をもたらしたが、成年男子の多くが戦争に動員され、またヨーロッパからの移民が停止されて労働力が絶対的に不足した。そのために雇用、配置、訓練、解雇という雇用管理として人事管理が生まれ、さらに宿泊施設や娯楽施設、年金・保険制度の導入などの福利厚生も図られた。これらの施策は高い労働移動率によるもので、また工場労働を経験しておらず、訓練を必要とする黒人労働者、婦人労働者への生活条件の整備であった。

このように雇用部や人事部が労働者の選抜、訓練、配置、さらに福利厚生を担う業務として生まれたが、そうした中から心理学の応用として産業心理学が成立した。心理学の成立は、一八七九年、ドイツの哲学教授であるヴント（W. Wundt）の心理学研究室の創設に求められる。彼は実験心理学を確立し、個々の人間は変わらぬものとして、人間の行動と思考の普遍的な法則を探求した。ほぼ同じ頃に、『種の起源』を著したダーウィンの従弟のイギリスのゴルトン（Sir F. Galton）は、生きているものは不変ではないという進化論の影響を受け、進化の心理学的意味を捉え、個人差（individual difference）の研究を求め、その方法は実験ではなく、質問紙法を用いたものであった。

その後、ヴントの最初の助手であったキャッテル（J. M. Cattell）は、個人の差異性をヴントの方法による客観的方法で人間の能力を測定し、実際にも応用しようとした。個々の人間の類似性ではなく差異性という個人差を認めることは、労働者の雇用、訓練にとって重要な意味を持っている。なぜならば、個人差が後天的であれば訓練が意味を持つが、そうでなければ訓練は意味がなく、雇用の際の選抜が重要となってくるからである。こうした考えから導き出されたのが心理テストであり、個人差の内容と度合いを見出すために企業に人事管理の技法として取り入れられるようになった。

他方において、個々人の心理の普遍性を求める研究も続けられ、アダム・スミスが前提としている合理的な人間とは異なる、非合理的な人間観の強調であった。それは人間の本能に注目するものであり、マクドゥガル（W. McDougall）は、フロイトを手掛かりとして、一九〇八年、心理学者として初めて『社会心理学入門』を著し、人間の行動と思考を本能から捉えようとした。こうした本能への探求によって人間行動の見えない部分への探求が始まったが、本能理論は単純化され過ぎた人間観であるとして、一九二〇年代末には忘れ去られていった[4]。

そして、応用心理学の一分野として産業心理学を確立したとされるのは、ドイツのミュンスターベルク（H. Münsterberg）である。ミュンスターベルクは、ヴントの弟子で実験を重視し、一九一三年に『心理学と産業能率』を著し、応用心理学を「現代実験心理学と経済学の諸問題の仲立ちをする新しい科学である」とした[5]。

この時期、アメリカ経営学の成立をもたらしたテイラーの科学的管理法が勢いを持っていた。しかし、軍のウォータータウン兵器廠への科学的管理法の導入に対する労働組合の反対をきっかけとして、一九一一年に国会は特別調査委員会を設け、科学的管理法を取り上げるに及んで社会問題となった。テイラーは証言を行い、労使の対立から調和という「精神革命」を主張したが、その後アメリカ労働総同盟は、この科学的管理法を拒否し、それと戦うことを決議した時期でもある。

テイラーが労使の対立を科学的方法によって解決しようとしたと同様に、ミュンスターベルクもまた、「われわれは、将来の心理学的適応と生理心理学的条件の改善による産業能率の増大が、使用者の利益となるばかりではなく、それ以上に従業員の利益となることを忘れてはならない。即ち、労働時間は短縮され、賃金は引き上げられ、そして彼らの生活水準が向上されるのである」と主張し[6]、企業のさまざまな職種の雇用にあたって心理テストの技法を考案したのである。

この心理テストは、第一次世界大戦中に大きく飛躍した。スコット（W. D. Scott）によって軍隊における選抜と配置のためのテスト、将校の任命や昇進の評価方法として実施された。こうした軍隊での心理学の貢献は、戦後、経営者の関心を集め、心理学者はさまざまな企業の選抜や配置などに積極的に入り込んでいった。また、すでに述べた人間の個人差の重要性とともに、労働者の職務遂行の必要条件を解明するために職務分析もなされるようになった。産業界に心理学者が持ち込んだのは、自らが開発した心理テストという用具であり、産業心理学が発展するかは、この心理テストの成功如何であった。しかし、バーリッツによると、「心理テストのブームは、第一次大戦直後最盛期に達し、その後急に後退し、一九二〇年半ばころまでには、まったく下火になってしまったのである[7]」。

このように産業心理学が誕生し、二〇世紀に入って産業界における、そして生産現場における人間的要素、個々の人間が注目されたことは紛れもない事実であった。しかし、当時の心理学は、自然科学を拠り所に実験と観察を行い、要素主義による原子論的心理学であり、意識を心的要素からの構成物として、意識の構造に重点を置く機械論的な展開に特色があった。それゆえ、企業文明の幕開けにおいて、企業における人間問題は、人間問題の研究としてはその途についてはいなかったといえる。

そして、繁栄の時代と言われる一九二〇年代が終わりを告げ、大恐慌を迎えるに及んで、人間問題はなお一層深刻さを増すことになる。チャールズ・チャップリンの『モダン・タイムズ』(一九三六年)において、工員のチャーリーが機械の歯車に巻き込まれ、やがて自由を求めて旅立つ光景は、その象徴とも言えよう。

三　ビッグ・ビジネスの誕生と専門経営者の養成

アメリカでは、一九世紀から二〇世紀にかけて企業合併運動が起こり、主に水平統合によってゼネラル・エレクトリック社、USスティール社、デュポン社、スタンダード石油などの大企業が生まれた。そしてチャンドラー Jr.(A. D. Chandler Jr.)によれば、アメリカ産業におけるビッグ・ビジネス（巨大企業）の多くは、アメリカが第一次世界大戦に参戦する一九一七年までに誕生し、大量生産過程と大量流通過程の統合、即ち垂直統合によって形成され、主に製造業と加工業に集中していた[8]。

ビッグ・ビジネスを生み出した主な要因は、生産方法よりも市場への対応に求められる。フォード社は、ベルトコンベアーによる大量生産方式を開発したが、それ以前に流通を可能とする世界的規模のマーケティング組織を構築していた。大量生産を維持するためには、最終製品を大量市場に供給し、販売を実現するマーケティング機能が前提であり、そのことが企業規模の拡大や生産の集中をもたらしたのであった。また、一八九〇年のシャーマン反トラスト法の制定によって独占は禁止されたが、寡占を妨げるものではなかった。それゆえ、一産業内での垂直統合は、製造業者の後方統合、原材料生産者の前方統合、販売業者の後方統合という多様な過程、時には同時に統合を行い、ビッグ・ビジネスによる寡占状態での競争であった。このことは、「経営という目に見える手が、市場メカニズムの見えざる手に取って替わった」ことを意味し[9]、それを可能にしたのが組織形態の革新であった。

第一次大戦前までに垂直統合によるビッグ・ビジネスの組織形態は、その多くが集権的職能部制組織であった。集権的職能部制組織は効率志向の組織形態であり、各部門が集権化された経営者のもとに一元的に調整されて初めてその機能を発揮できる。その代表的な企業は、ゼネラル・エレクトリック社であり、組織全体を貫く意思伝達と統制を確保するために、職能部制組織を作り上げ、ミドル管理者の権限と責任を明確にし、集権化された中央本社によって経営がなされていた。

しかし、複数製品を生産し販売するようになると部門間の調整が必要となる。経営者は部門の問題解決の日常業務に専念して負担増大が避けられず、市場環境の変化に適応する全社的観点からの経営は困難とならざるを得ない。第一次世界大戦後の各企業は、そうした情況に直面することになった。

第一次世界大戦後の不況に伴う景気後退は、市場動向の変化に如何に適応を図るかを各企業に迫った。フォード社はその危機を乗り越えたものの、二〇年代になると自動車が大衆層にまで浸透して自動車市場は飽和状態となり、T型車のみの生産では大衆の嗜好変化による買換え需要に応えられず、売行きは下降線を辿った。それに替わったのがゼネラル・モーターズ社（GM）である。

一九〇八年に創設されたGMは、買収によって事業規模を大きくしていったが、戦後不況によって大量の在庫を抱えて倒産の危機に瀕した。一九二〇年、最大株主のデュポン社からデュポン（P. du Pont）が社長に就任し、副社長のスローン二世（A. P. Sloan, Jr.）とともに再建に向かった。

それまでのGMの組織形態は分権化が進み、各事業部が独自に製品と価格を決め、結果として同じ価格帯の市場に複数車種を送り出しており、それは全社的利益に反する情況であった。デュポンたちは、自動車市場を価格帯ごとに分け、それまでの一〇車種から六車種の製品ラインに整理統合して事業部の再編成を行い、「品質の割には価格が安い」製品開発に向った。そして、購買、製造、販売の業務を担う各事業部を統括するために本社機能を強化し、財務、開発、マーケティング、法務の業務を担う専門スタッフを擁した経営委員会を設置した。経営委員会は企業全体の立場から各部門を統括し、年間の需要予測を立て投資利益率（ROI）の指標に基づいて、全社的観点から事業部ごとに経営資源の配分を行う経営戦略にその精力を集中し、それぞれの事業部の管理者は生産と流通の過程の調整に専念する体制を築いた。それは、本社組織の機能を強化して自律的に統合された複数の事業部からなる事業部制分権組織の確立である。[10] 組織革新を行ったGMは、一九三〇年代にはフォード社を追い抜いて自動車業界の頂点に立ったのである。

デュポン社、シアーズ・ローバック社、スタンダード石油会社もまた職能部制組織から事業部制組織へと組織革新を行い、一九二〇年代から三〇年代にかけて本社組織と自律的に統合された事業部からなる事業部制組織が徐々にビッグ・ビジネスに導入されていったのである。

こうした組織革新がもたらしたものは、所有者による経営から専門経営者による経営へという所有と経営の分離である。そして、専門経営者はもとより管理者の専門化がより一層求められ、これに呼応するかのように、専門職協会の設立や専門誌の刊行がなされるとともに、単科大学や総合大学に専門の課程が設置された。二〇世紀初頭の頃から、まず財務、マーケティング、生産といった職能を担う専門管理者の養成が行われ、ついで経営者の養成として現れた。

集権的な職能部制組織から分権的な事業部制組織への組織革新によって要請される専門経営者の養成に中心的役割を果たしたのは、経営大学院であった。経営大学院は、アメリカの独特な教育課程の発展であるが、その一つのハーバード大学経営大学院（ハーバード・ビジネス・スクール）は、ビジネス教育の専門職大学院としては決して早いものではなかった。しかし、経営学史上における人間関係論を生み出す舞台として、短期間のうちに充分な力を擁する経営大学院となったのである。

第二節　人間関係論形成の舞台——ハーバード大学経営大学院——

一　専門職養成としての経営大学院

アメリカのビジネス教育は、一九世紀後半に私立の商業学校や公立高校で簿記と秘書の技能が教えられてはいたが、それ以上のものではなかった。最初の大学教育は、一八八一年にペンシルバニア大学の Wharton School of Commerce and Finance が創設され、商業会計と商法の科目であった。一八九八年には、シカゴ大学に College of Commerce and Administration とカリフォルニア大学のバークレー校に College of Commerce が、そして一九〇〇年にニューヨーク大学に Undergraduate School of Commerce, Accounts and Finance が設置され、学部レベルでビジネス教育が行われた。大学院の初めてのビジネス教育は、同じ一九〇〇年に創設されたダートマス大学の Amos Tuck School of Administration and Finance であったが、学部最後の年と大学院一年での教育であった。

そしてハーバード大学は、一九〇八年、学部教育の上にビジネスを担う専門職業人を二年間徹底して養成する経営大学院（Graduate School of Business Administration）を創設した。必修科目は「会計原則」、「商業契約」、「合衆国の経済資源」の三科目であった。「合衆国の経済資源」は製品市場の獲得に向けた流通諸要因の分析であり、一九一四年からは「マーケティング」と名称変更し、産業界での流通革命を踏まえていた。選択科目は、「銀行と金融」、鉄道を中心とした「輸送業」などのさまざまな産業におけるビジネスが中心であり、「産業組織」―その後「工場管理」に名称変更―では、工場管理の問題に関連して科学的管理法が取り上げられた。さらに一九一一年からは、二年次の講座に「ビジネス・ポリシー」が開設され、それは、経営者の視点に立ちビジネス問題に対する綜合的な接近を可能とさせることを目的としていた[11]。

このように編成された授業科目は、ビジネスに関して修得すべき知識や技術の基礎を必修科目として位置づけ、それを基に学生の関心ないしは進路に添った教育内容を選択科目として置き、そして経営者に必要不可欠な全体的視野と総合化への能力を養成する科目として「ビジネス・ポリシー」を配置していたのである。

二　ディーン・ドナムの経営大学院の構想

第一次世界大戦が終わった一九一九年、ハーバード大学のローレンス・ローウェル総長は、初代ディーンのゲイ（E. F. Gay）の後任として、法律大学院を修了しさまざまな企業の再建に携わり、法廷管財人であったドナム（W. B. Donham）を第二代ディーンとして迎えた。ドナムは、職を辞する一九四二年までの二四年間に亘ってハーバード大学経営大学院の発展の基礎を築くことになる。

ドナムは、大学院の名称であるビジネス（事業）経営〝Business Administration〟について、強調を事業〝Business〟ではなく、経営〝Administration〟に置く教育を目指した。事業を強調する教育は産業論が中心となるが、ドナムが目指す経営教育は、事業目的の違いに関係なく、あらゆる産業、事業に適用可能な経営問題を中心とした教育であり、しかも、専門経営者の経営教育であった。

すでに述べたように、第一次世界大戦後の産業界では組織の革新が行われ、分権化した事業部制組織が台頭し始め、また所有と経営の分離がなされてきた。専門経営者は、各事業部を統括しつつ部門間にまたがり、部分を超えた全体的な広がりを有する経営の問題を把握し、長期的な戦略を構築しうる能力が求められていた。そうした能力を養成するためには、専門分化し複雑化が進んでいる特定の企業では学ぶことができず、ましてやテイラーが主張する企業の現場で修得されるべきものではなく、集中的に養成しうる場、それが経営大学院であった。

経営大学院の目的を経営者教育に求めたドナムは、それを実現するために教育課程、即ち教育内容と教育方法の改革を行った。まず教育内容では、彼は、"Business"に重きを置く個々の産業の専門化された訓練ではなく、教育の主眼を経営"Administration"とし、経営者の活動を機能別に科目構成を行い、それを基礎にした経営全般の問題を扱う「ビジネス・ポリシー」を必修としたのである。

他方、教育方法の改革は、ケース・メソッド（case method）の確立であった。[12]経営大学院の創設以来、経営者が実際に直面した経営問題や意思決定問題がクラス討議に利用されていたが、初代ディーンのゲイは、クラス討議でケースを用いる教育方法を「プロブレム・メソッド」と呼んだ。その際のケースは、法律でいう判例の意味と理解され、しかも経営問題の解決の先例、尊重されるべき模範という性質を有していた。しかしドナムは、経営のケースは決して先例ではなく、多くのケースには複数の解決策があると考えた。したがって、まず公式や理論を学ばせ、それらをケースに適用させて公式や理論を身に付けさせるのではなく、具体的なケースを通して、学生自らが無知を自覚し、現実の世界に対して謙虚さを身に付けるとともに、知的好奇心を刺激することに狙いがあった。

経営者の養成においては、具体的な現実の世界から事実を見抜く眼を養い、つねに新しい事実を発見する洞察があって初めて問題を正しく捉えることができ、現実に即した正しい意思決定の可能性をもたらす。ドナムは、実務の世界での事実を強調し、さまざまな諸相を有した現実の世界がクラス討議に持ち込まれるべきであり、具体的情況における意思決定の現実性に強調を置き、そのための「ケース・メソッド」としたのである。まさにそれは、辻村宏和のいう、経営者教育における「『理論で解く』ことよりも『理論を（自ら）創る』ことの大切さ」を意味している[13]。

こうしたドナムの考え方の根底には、同じハーバード大学で芽生え育った哲学であるプラグマティズムがあると受け取られる。ハーバード大学教授であったジェイムズ（W. James）は、プラグマティズムを「最初のもの、原理、カテゴリー、仮想的必然性から顔を背けて、最後のもの、結実、帰結、事実に向かおうとする態度」とし[14]、現実に即して具体的に考え、観念の意味と真理性は、それを行為に移した結果の有用性如何によって明らかにされるのである。

三　ケース・メソッドの基礎理論の構築

教育方法としてのケース・メソッドにおいて重要なのは、クラス討議に使用されるケースである。この方法は、ケースを与えられた学生自らの判断に基づき、自分の頭で考えることを狙いとしているので、経営者を養成するためにより豊かで広い基盤を与えてくれるのは、学生の前に示されるケースに含まれている事実の豊かさである。さまざまな企業から得られるあらゆるケースには、現実が有する雰囲気と詳細な内容が含まれ、直接の観察者によって細心の注意を持って記録され、経営の現実性と細部にわたる実在性を伴った事実でなければならない。そうした経営の諸事実をどのように捉え、どのように取り込んでケースを作成するのか、そこに求められるのは、経営問題を扱うに相応しい思考の概念枠組（conceptual scheme）、理論である。

ドナムがディーンに就任した頃、経営大学院を支配していたのは応用経済学であった。しかし彼は、「ケース・メソッドを使用した早いうちに、・・・具体的情況の諸事実は、応用経済学の観点から考える経済学者の概念の中に留まることを拒否しました。われわれの報告者が非経済的要因を無視しようとしてきたにもかかわらず、非経済的事実が情況に執拗に入り込み続けました。そうこうしているうちに、このことから、公的であろうと私的であろうと経営者が直面する問題を応用経済学の問題としてはほとんど扱えないことを認識させられました」と述懐している。[15] 彼は、応用経済学の概念枠組では具体的な経営の現実情況を歪め、事実に対して正しい接近がなされないと確信したのである。

ドナムは、ディーン当初、法廷管財人であった経験を基に労使関係を教えたが、そのために労使関係に関する多くの学術論文を読んだ結果、「日常の生活における人びとの行動の仕方に立ち戻り、より多くのことを見出さなければ、産業界、労働組織、あるいは高度な組織で生じる人間情況を扱える人々を訓練することは決して出来そうもない」と判断した。そして彼は、二〇世紀の現状を踏まえて、自らに次のように問いかけた。即ち、「わたくしは、科学の進歩が物事を非常に早く変化させているために、社会は安定性を段々と失い、・・・人間は幸福を一層高めるよりも、むしろ段々失ってきていると判断した。科学が生み出している社会問題を解決するにあたって、わたくしの心に浮かんだのは、科学のどこかに助けを求めることができないのか、そして人々はつねに自分に最も多くの金を与える方法で行動する、という馬鹿げた仮説よりも、個々人と人びとの集団の行動を理解するための何らかのより良い基礎を得ることができないかどうか、を確かめることであった」(16)と。

かくしてドナムは、応用経済学を捨て、科学および科学技術が生み出した社会および産業における人間問題を解決するために、人間行動の解明に向けた概念枠組、即ち理論の探求に向けて大きな一歩を踏み出すのである。もちろん、その具体的な道筋は明らかではなかった。しかしドナムは、ローウェル総長の協力を得ながら、経営大学院を支える基礎理論を求めて精力的に動き、そして二人の思想家に出逢うのである。

第三節　経営の基礎理論に向けて——二人の人物——

ハーバード大学経営大学院は、大学からチャールズ河を渡った畔に位置し、正面に大学院の象徴ともいえるベイカー図書館がある。その右隣りにあるモーガン・ホールと呼ばれる建物の地下室の一角に、ドナムとともに基礎理論の構築に向けて精力的に活動した二人の部屋がある。一人は、ドナムとハーバード・カレッジ同期生であるヘンダーソン、もう一人はメイヨーである。本節では、経営大学院を舞台にした二人の人物とドナムとの繋がりを明らかにしてみよう。

一　ヘンダーソンの人間生物学の構想

ヘンダーソン（L. J. Henderson）は、生化学、生理学、そして社会科学の研究の道を歩み、「幅広い知識に基づく創造力に富む精神、最高度の知的誠実さと結びついた学識[17]」を有し、経営大学院の発展に向けてドナムに協力するとともに、人間関係論の形成にあたって方法論の問題に重要な影響を与えたのである。

ヘンダーソンはハーバード大学医療大学院を卒業した後、一九〇六年に講師となり、生化学者として歩み始めた、生命体には栄養素の代謝に伴い酸が生成され、生命活動の正常な営みのためには血液中の酸と塩基が均衡していなければならないが、彼は一九〇八年に、酸―塩基平衡について今日でも重要な基礎となっている公式化（Henderson-Hasselbalch equation）に成功し、生化学の領域に重要な貢献をした。その後、酸と塩基の平衡が崩れ血液が酸性に傾くと腎不全や糖尿病の原因となるアシドーシスの問題に研究を進めて行った。この研究から彼は、化学現象とは区別される生物現象の持つ複雑な諸問題、生理学的研究へと向かい、その複雑性に対する臨床的方法の重要性を認識し始めたのである。それまで物理化学の方法と原理の適用という一般化への研究に専念し、臨床的方法による具体的な現象の認識に無関心であったヘンダーソンにとっては、大きな変化であった[18]。

生化学的研究から生理学的研究へと研究の進展を行う傍ら、彼は哲学者のロイス（J. Royce）と交流を深めて哲学、科学方法論、科学史にも関心を抱き、生命体と環境との相互依存性を示すシステム概念を明らかにし、さらに目的論的な宇宙観を示す哲学書を著した。[19] 彼の諸要素の相互依存性の強調によるシステム概念は自然の世界においてであったが、やがて社会科学に適用していくのである。

科学および哲学に対する造詣を深めたヘンダーソンは、ロンドン大学で定年を迎えるホワイトヘッド（A. N. Whitehead）をハーバード大学に招聘すべくハーバードの法人に精力的に働きかけた。一九二四年、ヘンダーソンの尽力によって哲学教授に就任したホワイトヘッドは、着任早々にローウェル講義を行い、その講義は、有機体哲学の三部作といわれる最初の書物『科学と近代世界』として著された。ホワイトヘッドは、デカルトの物心二元論とニュートン物理学に基づく近代科学が物質の時間、空間における「単に位置を占める」という機械論的宇宙観に立つものであり、「具体性置き違いの誤謬」を犯すことを明らかにした。彼自らは、あらゆる物質を有機体として過程性と能動性において捉え、ジェイムズのプラグマティズムを受け継ぐように、有機体のもつ全体性と関係性を強調し、有機体の哲学を構築するのである。[20]

ホワイトヘッドのローウェル講義を聞いたヘンダーソンは、自らの科学的方法がホワイトヘッドの哲学的基礎によって裏付けられることを確信し、次のような問題意識に立ち、一九二六年に「環境における個人の一般化された科学的記述」である人間生物学（Human Biology）を構想した。

産業革命によって経済的、社会的な環境情況は一変し、人類の生活は大きく変化した。特に大量生産方式は労働時間の短縮と高賃金を可能にした一方で、産業構造を大きく変え、人びとに精神的な混乱を引き起こしている。しかしこれまでの心理学者、社会学者、経済学者はこうした現象を見越してはおらず、たとえ人間の構造と行動に関する科学的知識があるとしてもそれは僅かであり、しかも断片的にしか過ぎない。誰も個々の人間の研究に関わっておらず、医学のように細部にわたる研究は科学的であるが、全体の人間の研究は科学的ではなく、さらに人間の性質についての非科学的な研究でさえも病人で占められ、正常な人間ではないのである。それゆえ、ヘンダーソンにとって今求めるものは、「全体としての人間」を対象とする科学的な研究である。人間生物学は、「人間の部分よりも全体としての人間に関心を持ち、病気よりも正常な人間に関心を持つものである。これを基礎として産業において、また政治や社会において人間行動の研究に向かって邁進する可能性がある」とする。(21)

こうしたヘンダーソンとドナムとの出逢いは、ドナムがディーンに就任して間もない頃であった。二人は旧交を深めるとともに、経営大学院が直面しているさまざまな課題について議論を交わしたとされる。(22)ドナムは、既述のように、科学技術と抽象科学が急速に発展しつつある世界では、人間関係の諸問題が最も重要であり、経営大学院の教育と研究のために応用経済学に替わりうる基礎理論を求めていた。ヘンダーソンは、経営大学院の現状から、ドナムが決別した応用経済学に替わりうるものは、純粋科学と一つになった応用科学と主張する。(23)経営者を養成するために高度な専門性を具体的に生かす技術や実践による応用科学における教育は、純粋科学の一貫した訓練のもとに見いだされなければならない。このことは、ヘンダーソンのこれまでの物理化学の原理と方法の有用性とともに具体的現象を扱う臨床医学にも精通するようになった経験から導きだされた主張である。

そして、経営大学院という実践を志向する大学院にとって最も困難な問題は、人間の生活のあらゆる局面に関心を持ち、人々の注意を引き付ける価値ある研究分野を発見することであり、ヘンダーソンは、それが人間生物学であるとする。(24) こうしてヘンダーソンは、経営大学院の教育研究に寄与すべく、人間生物学の構想の実現に向けてドナムと積極的に協力していくのである。

二　メイヨーの経営大学院への招聘

ドナムの経営大学院の基礎理論を構築せんとする過程において、人間関係論を生み出し、経営学史上にその名を刻んだ人物は、メイヨー（G. E. mayo）である。彼の人となりは第三章で詳述するが、オーストラリアに生まれたメイヨーは、医学進学の志半ばで実務界に転じた後、アデレート大学のW・ミッチェル教授に心理学を学び、一九一一年にクィーンズランド大学の講師となった。

メイヨーは、ジャネ、フロイト、ユングの人間の非合理的、非論理的な行動の「新しい心理学」を研究し、その成果を第一次世界大戦で砲弾恐怖症（shell-shock）に陥った兵士に心理学的治療として適用した。そして彼は、心理学的治療が戦場という特異な情況での個人だけではなく、近代産業が個々人にもたらすさまざまな問題にも適用できるのではないかと考え、産業社会への適用を試みるようになった。一九一九年にクィーンズランド大学の哲学講座の教授となった彼は、同じ年に『民主主義と自由』を著し、産業文明における社会問題に「新しい心理学」の研究成果を取り入れて行ったのである。

しかし、当時のオーストラリアの社会科学に対する低い評価に不満を抱いたメイヨーは、一九二二年、産業社会の調査研究の業績を積極的に評価する知性的で実践的なアメリカに渡ったのである。

ところでメイヨーとハーバードとの接触について、これまでの理解は、一九二五年のメイヨーの雑誌寄稿文がドナムの目に留まったことがきっかけとされている。[25] しかし事実は、彼が渡米する前から、ヘンダーソンやドナムはもとより、ハーバード大学医療大学院ディーンで臨床医学教授のエドサル（D. L. Edsall）、精神医学教授のキャンブル（C. M. Campbell）、生理学者のムーリィ（H. A. Murray）とも親交があった。[26] 精神医学、精神衛生学への関心、そこで掴み得た臨床的な方法によって産業界の調査を行いたいと考えていたメイヨーにとって、そうした親交は当然のことといえよう。

一九二三年にペンシルヴェニア大学ウォートン・スクールの研究員に就いたメイヨーは、ジャネの臨床的方法を用いて、フィラデルフィアの工場で労働者の妄想、生産高と労働移動の関係などの調査を行った。そして翌年の一九二四年、彼はテイラー協会で、「新しい心理学」に基づき産業社会に適用する自らの心理学を「全体情況の心理学（Psychology of Total Situation）」として明らかにした。[27]

メイヨーは、当時の心理学を「純粋学問の心理学」と呼び、批判する。すでに述べたように、一九二〇年代初頭の心理学は、人間の意識に焦点をあてて科学的方法によって単純な要素へと還元し、それら要素の結合の状態と法則を見出す要素主義の心理学であった。彼は、その心理学に基づく心理テストがあまりにも単純であり、精神医学の重要性、全体情況と呼ぶものを無視していたとする。そして、「生活は、統一的な全体（an integral whole）であること、工場での労働者と家庭での市民とが本質的に同じ個人であるということは、真実である。工場あるいは家庭におけるどのような個人の行為といえども、それぞれの中だけでの事柄として理解することができない。その事柄は、周囲の情況の継続的に展開する主体である個人性の諸部分として研究され、解釈されるべき出来事である。産業であろうとその他であろうと、心理学にとっての唯一適切な基礎は、このことを本質的事実として容認することであり、全ての領域でこの容認の意味するところを導き出すことである」とし、[28]こうした研究を可能とするのが、「全体情況の心理学」であると主張する。

彼が新しい心理学を「全体情況の心理学」と呼ぶのは、工場における労働の結果である生産効率が、その人の持つ全体的な精神情況の産物であると捉えられ、これを理解するためには、個人的な歴史と生活への全体的な態度という「全体情況」を知らなければならないからである。その全体情況を知るためには、それまでの人間の意識を要素論的に分析する「純粋学問の心理学」では不充分であり、彼はそれと対比される心理学を「医療心理学」と称し、人間の非合理的、非論理的行動に対する臨床的方法を強調する。そして、「産業における全体情況の心理学の本分は、個人の精神的背景の中に不調和をもたらす条件を探求して取り除き、可能な限り職務に対する適応が独力でなされる方向を促進させることである。障害は、その人の個人的な歴史あるいは現在の彼の仕事に関わる条件のどちらか、またはその双方から生じると言ってもいい」とする。[29]こうした「医療心理学」という臨床的方法による「全体情況の心理学」の表明は、アメリカに来たメイヨーの立場を鮮明に示したものと考えられる。

一九二五年の晩秋、メイヨーは、ボストンでの講演会で、「疲労、生産高、そして労働移動」と題する講演を行った。この講演は、表題の示す諸問題がジャネのいう強迫観念的思考から生じるものであり、このことを産業界が認識することが重要であるとして、精神衛生学の研究意義と必要性を明らかにしたのである。この講演を聞いた司会者のドナムは、産業衛生学や精神病理学に造詣が深く、また臨床研究にも経験豊富なメイヨーを、ヘンダーソンとともに経営大学院の基礎理論に向けた産業における人間問題の探求に相応しい人物と評価し、彼に経営大学院への招聘の打診を行った。

すでに知己を得ていたメイヨーにとっては、ハーバードは申し分ない研究の場であった。彼は、経営大学院が産業界や経営の問題に未だ貢献していない状態であると認識していたが、既存の考えに囚われることなく、自らの大学院構想を実現しようとするディーンのドナムの行動力を高く評価していた。さらに、彼が求める「全体情況の心理学」の立場から、ヘンダーソンの行っている生理学や精神医学との協働ができると考えていたのである。

当時のハーバード大学の心理学は、哲学科に属していた。アメリカの最初の心理学者で、一八九〇年に『心理学原理』を著した哲学者でもあるジェイムズ（W. James）は、優勢であったドイツの実験心理学に替わる研究に向けて哲学科に心理学研究所を設立した。彼の心理学の主要な目標は、観念論的哲学のための経験的土台として「意識の流れ」を中心に置いており、当時の心理学とは異なっていた。そして、世紀の変わり目にジェイムズの関心はプラグマティズムの哲学的思索に立ち戻ったために、ハーバードの心理学の担い手は哲学者のロイス、そして一八九七年から応用心理学の教授となった既述のミュンスターベルクであった。しかし、ミュンスターベルクは心理学研究所長であったが、心理学のビジネスへの実践的適用に関わり、また第一次世界大戦開始当初に彼の母国ドイツの立場を擁護していたこともあり、実験心理学のための唱道者としては不充分であった。

その後、ジェイムズは一九一〇年、ロイスとミュンスターベルクも一九一六年に亡くなり、他の研究者も異動し心理学と哲学はともに危機に直面していた。その頃、行動主義心理学が生まれ、また心理学一般が実践志向であったが、教授会は理論志向の心理学者を雇うことを決め、一九二〇年、イギリスの心理学者マクドゥガルがミュンスターベルクの後を継いだ。彼は『社会心理学入門』（一九〇八年）や『身体と心』（一九一一年）を著し国際的な評価を得ていたが、その後のパーソナリティ理論や超心理学に対する同僚からの評価は高くなく、アメリカの心理学者の間での信望も薄れ、大学院生の登録も少なく、一九二〇年代半ば頃のハーバードの心理学研究は低迷の情況にあったのである[30]。

こうしたハーバードの心理学研究の低迷情況とチャールズ河を挟んで向かい合っている経営大学院に、ドナムはメイヨーを招聘したのである。彼は、ローウェル総長に対して産業における人間関係の基礎研究のために産業衛生学の准教授として採用すべく要請した。ローウェル総長は、経営大学院が直面している財政上の理由から難色を示したが、ドナムの度重なる強い要請によって、半年後の一九二六年、メイヨーは産業調査（Industrial Research）の准教授として就任したのである。

三　疲労研究所と産業調査室の設立

級友であったヘンダーソンの積極的な協力を得るとともにメイヨーの招聘を実現したディーンのドナムは、経営大学院を専門経営者養成の大学院とすべく教育研究の基礎理論の構築に向け、その具体的な一歩を踏み出すことになった。

ヘンダーソンは、自ら構想した人間生物学が、全体としての人間、日常生活に生きる人間に関心を持ち、機械的生産の浸透によって生まれた新たな産業構造と新たな労働環境の中で、さまざまに起こってくる人間問題への解明の基礎となるものと考えていた。彼にとっては、その解明がメイヨーとの共同研究によって可能となり、それを実現する場が実践志向の経営大学院であった。そして血液研究を中心に生化学と生理学の領域から推し進め、その研究方法を産業上の労働条件の研究に拡大しようと目論み、経営大学院に研究所を設立することをドナムに要請した(31)。

メイヨーもまた研究所設立に向けて積極的に動いていた。彼は、ホワイトヘッドのローウェル講義「科学と近代世界」を聞き、ヘンダーソンと同じように、知識の次なる偉大な進歩となる科学と哲学の構成単位が「有機体」であるとするホワイトヘッドの考えに共鳴をした。彼にとって、人間は「単に位置を占める」のではなく、ホワイトヘッドの有機体哲学に基づき「全体情況の心理学」における「全体情況」の解明のためには、他の領域との協働による学際的研究は欠かせないものであった。それゆえ彼は、全体としての人間の研究のために、個々に進んでいる細部の研究を繋げ、統合するような主要な研究、主要な論理の研究が未だなされていないことから、産業界の人間情況の解明のために心理学、精神衛生学、医学の学際的研究を求めることをドナムに強く進言した[32]。

こうしたヘンダーソン、そしてメイヨーの強い要請により、ドナムは機が熟したことを確信し、医療大学院、公衆衛生大学院と協働し、ヘンダーソンを中心とした生理学研究と産業心理学のメイヨーの研究活動とのプロジェクトを大学に求めた。その結果、ロックフェラー財団から、「ビジネスの領域における個々の産業能率と調査の研究のために」総額一五万ドルの援助がなされることになり、一九二七年、疲労研究所（Fatigue Laboratory）と産業調査室（Department of Industrial Research）が設立された[33]。次に、最初に動き出した疲労研究所の活動を示してみよう。

疲労研究所の活動は、実験による研究と他の機関との共同研究を通して人間生物学の確立に向けた貢献であった。それはビジネスの領域に適用されるものであり、人間の活動に関する多くの局面の研究を相互に関連付けて全体としての人間の構造と過程に関心を持つ研究である。疲労研究所はさまざまな分野で蓄積されてきた研究成果を相互に関連付ける学際的研究の場であり、その成果は生理学、応用生理学、そして社会学という三つの領域での研究と関心から生み出されたとされる[34]。

生理学研究では、日々の生活における生理学的な経験内容の数量的記述を目指し、ヘンダーソンを中心として血液中のさまざまな構成要素間のデータを集め、血液の諸変数の如何なる変化も他のすべての変化なくして起こることができないという認識に立った。彼は、一九二八年に『血液』を著し[35]、血液中の諸変数の相互依存性を強調し、計算図表であるノモグラムによってそれらの相互関係を示した。その相互依存性の概念は、後のホーソン・リサーチにとって重要な位置を占めることになる。

応用生理学研究では、研究所の冠である「疲労」の問題である。疲労は、当時の産業界においては、単調感とともに大きな問題となっていた。産業界では、疲労は病気であり、それに対する治療は休憩である、という伝統的な考えが支配的であった。また産業経済学には、「疲労は生理的であり、継続的な肉体ないし精神活動によってもたらされる血液中の毒素の結果である。休憩と変化は、疲れ切った細胞組織の再構築による回復の余地を残すために避けられないものである」と記されていた[36]。

しかし疲労研究所の研究を通して、疲労という言葉は、さまざまに異なる不愉快な感覚に共通した表現であり、疲労は身体の生理的均衡がどこかで崩れている状態であり、非常に多様性を有した異なる生理的条件に伴うものであるとする。それゆえ、単純な原因、単純な結果、単純な存在をみだりに求めても、それらに共通のものはほとんど見出せず、多くの事柄の同時的な変化としてのみ満足に記述され得るとする。そのためにはさまざまな研究成果を総合しなければならず、学際的研究が不可欠となる。

ヘンダーソンは、「このような事柄の研究にとっては、この種の研究方法が科学の不可避の趨勢である。単純化は、抽象、分離、隔離を通して、また他の条件を一定とすることによって達成される。しかし、日々の生活では、他の条件は決して一定ではなく、隔離は不可能であり、分離は困難であり、抽象は危険である。もしも人間の生活と呼ぶ事柄や過程を知ろうとするならば、われわれは、抽象的な分析の結果を総合するために、あらゆる努力を払わなければならない」とする[37]。このことは、「具体性置き違いの誤謬」を犯さないための、科学者としての警句として受け取ることができよう。

第四節　人間関係論への道――それぞれの歩み――

一　ヘンダーソンのパレート社会学への傾倒

疲労研究所の生理学と応用生理学に続く研究、それが社会学研究である。研究所が設立された一九二七年春の同じ頃、ヘンダーソンは、パレート社会学と出逢った。パレート（V. Pareto）の『一般社会学概論』[38]を紹介したのは、昆虫の社会行動研究者のウィーラー（W. M. Wheeler）であった。ヘンダーソンは、第一次世界大戦を通じて政治的、社会的問題に関心を抱いたが、自然科学と比べて社会科学がいかに複雑であり、そしてほとんど精密ではないことを知っていた。また、人間の行動が感情や心情によって支配されるものであるかも理解していた。それゆえに紹介されたヘンダーソンは、「いや、いらない。社会学はすべてくだらんし、二度と読まないことにしています」と断ったが、ウィーラーの「これは、何かが違うのだ！」という強い勧めに負けて家に持ち帰り、それから二週間という間ずっと最高の気分に浸った。それ以降、ヘンダーソンはすべてのエネルギーをパレート社会学の研究に注ぎ込むのである。何が、彼を最高の気分に浸らせたのか。当時のアメリカでは、パレート社会学はほとんど気にもとめられていなかったし、ヘンダーソン自身が「社会学はくだらない」と思い込んでいたのである。しかし、彼は、読後感といえる四頁の論評で、「これまで科学的な取り扱いを受けることのなかった主題に対して、科学方法として不可欠な要素がより明確に論述され、より徹底して展開され、このことは他の書物の何処にも見られないことである」と述べた[39]。

パレートの『一般社会学概論』は、社会における人間の感情、本能、欲望によって導かれる非論理的行動（non-logical actions）を対象とする。彼は人間の非論理的行動を「残基」と「派生体」によって説明し、社会システムの構成要素に「経済的利害」と「社会的異質性及びエリートの周流」を加え、これらの概念を相互依存関係で捉えた社会システムの均衡によって社会動態を示したのである。

だが、ヘンダーソンがパレートの社会学に注目したのは、それらの諸概念を社会科学に適用することだけでなく、むしろ社会学を構築する科学手続きないし科学方法にあった。このことこそが、それまで社会科学に懐疑的であったヘンダーソンに、社会科学の成立可能性を確信させたのであった。

第一に、ヘンダーソンは、最初の五〇〇頁という膨大な序文に示された経験の世界における数多くの人間の非論理的行動に関する記述に着目する。なぜならば、科学の基礎は経験の世界にあり、経験から科学研究は始まるからである。自然科学者はこのことを習い性として身に付けているが、社会科学者もまた同じである。序文の五〇〇頁は、認識よりも経験が科学の出発点であることをパレートが熟知していた証左である。問題は、科学の基礎となる事実が導き出される経験、事実の認識に先立つ経験である。ヘンダーソンは、経験をさまざまな諸要素が分かち難く結び合って相互依存関係にある「有機的過程」と捉え、経験を構成している相互依存関係にある諸要素を余すところなく反映していない限り、経験から導き出した事実は「近似的な接近」でしかないとする。それゆえ、後に述べるように、科学者が身を置くべきは、つねに経験の世界ということになる。

第二に、経験から事実を導き出す推理過程の誤りの問題である。経験の世界から特定の現象を汲み上げ、言語によって記述し、科学事実とするために操作を行う。その操作方法は、論理的操作と非論理的操作の二つである。論理的操作によって得られる言明は事実と証明されない論理的結論に分けられ、これが科学事実の問題となるが、多くの要因が関連し合う情況に因果性を用いることから誤りが生じる。それに替わる方法は相互依存分析であり、「他の条件が等しい」という限定を付けて推理を行う。だが「他の条件が等しい」現実はあり得ないから、その「他の条件」に身をもって得た経験的知識を有していることが求められ、それは経験に立ち戻ることを意味する。

他方、非論理的操作による言明は、感情そのものを表現する言明、あるいは言葉の曖昧さから侵入する感情に基づく言明であり、誤った推理の過程である。ヘンダーソンは、当然のことながら、非論理的な操作による言明が非事実であるとする。特に、人間の非論理的行動が織りなす情況に対する科学的思考においては、認識する主体の有する感情が侵入することを厳に戒める一方で、社会現象の多くが感情や情動の相互作用の情況であることに対して明確な分析をしなければならない[40]。このことは、科学的思考において感情を組み入れた概念枠組の構築の問題となる。

第三に、事実は、個々の具体的な現象から直接に導き出されるだけではなく、多くの事実から共通して見出される斉一性（uniformities）もまた、事実である。「惑星は、太陽の周りを楕円形のように移動する」というケプラーの法則は、数多くの事実からユークリッド幾何学を基礎にした概念枠組から導き出された事実である。ヘンダーソンは、それと同じように、パレートは感情の理論という概念枠組を用いて「残基」という事実を導き出したとする。[41]

ヘンダーソンのいう概念枠組（conceptual scheme）とは、作業仮説やカントのいう「規制的原理」と同じ意味であり、思考という作業の支えないし道具、あるいは理論である。概念枠組を用いるのは、歩く際の杖のように、それを用いることが便利であり、そのものの真偽はまったく関係ないのである。概念枠組の機能は、それを通して事実が発見され、既知の事実から未知への事実に筋道を与え、事実のみならず事実についての推理を支えることである。したがって、パレートの感情理論という概念枠組を真偽の問題とすることは意味がなく、パレートは、儀式や慣習を行う人間の心の世界に踏み込まず、感情に関する概念枠組を構築し、人間の言葉ないし行動という観察される世界に限定して人間の非論理的行動の事実を明らかにしたのである。[42] ヘンダーソンは、構築した概念枠組ないし理論を通して経験の世界から事実を導き出すことは、自然科学と社会科学と異なるところはないとする。科学が発展するにつれ、それまで支配的であった理論を古いものとして捨て去ることになるが、それは新しい事実の発見をもたらす概念枠組の変更によるものである。[43]

ドナムが経営大学院の基礎理論として「応用経済学は使えない」としたことはすでに述べたが、ヘンダーソンはドナムと同じ立場に立つ。ヘンダーソンは、理論物理学と同じ手続きに従っている理論経済学が社会科学の高度に発展した分野であり、将来の科学の基礎として存続し続けることを疑っていないが、「それは、具体性についてわれわれにほとんど教えることができない」という経済学者のF・K・ナイトの言葉を引用する。なぜならば、物理学者は理論が具体性について教えることができないことを知っているゆえに自己規制をしているが、経済学者は自分たちの理論を具体性に執拗なまでに適用しようとして、結果的に信用を落としているとする。[44] 即ち、「具体性置き違いの誤謬」を犯しているのである。では、どのようにしたら、その誤謬を犯すことから避けられるのか。

二 「ヒポクラテスの方法」とハーバードへの啓蒙

ヘンダーソンは、産業界における労働問題、人間問題に対して、これまで当然のこととされてきた経済学的、社会学的、あるいは心理学的な科学手続きとはまったく異なるものの可能性を求める。そして、日常生活の経験の一般的側面に対する理に適った、信頼できる知識の獲得に向け、あらゆる種類の人々の日々の経験に対する研究を推し進めて行く。[45] そのために彼は、科学を〝科学する〟という過程として捉え、〝科学する〟活動に不可欠な二つの基本的技能を示す。

第一の基本的技能は、理論、抽象の世界ではなく、経験の世界に身を置くことによって得られる。それは、科学者が、「その情況に充分に精通するまで明けても暮れても辛抱強く、具体的なケースに対して冷静で、感情に左右されず、また経験によって徹底的に証明できるように」個人責任を負い、直接の経験による情況への身をもって得た習熟であり、実践を通して身に付いていく技能である。この技能は、ヘンダーソンが生理学的研究で気が付き、またメイヨーが強調している臨床的方法による情況への習熟である。第二の技能は、実践との乖離を宿す理論構築に関わる技能であり、事実を踏まえた適切な概念枠組の有効な使用である。ここに言う有効な使用とは、理論ないし概念枠組をそのまま実際の問題に適用することではなく、自らの思考を堅固にする支えとし、既存の知識から新たな事実の発見のみに用いることである。そしてヘンダーソンは、これら二つの技能を組み入れて、自らの経験によって掴み得た科学方法として「ヒポクラテスの方法」を提示する。(46) 即ち、「第一に、物事に対する身をもって得た、習い性による、直観的習熟、第二に、物事の体系的な知識、第三に、物事についての有効な思考方法」である。科学の通常の理解では、第二の要素である「物事の体系的な知識」に注目するが、ヘンダーソンは、第一の要素と第三の要素を重視している。その理由は、社会科学の「理論と実践の乖離」という当時の現状を目の当りにし、「理論と実践の一致（union of theory and practice）」のための方法であったからである。

ハーバード大学に社会学科が創設された二年目の一九三二―三三年度に、ヘンダーソンは、「パレートおよび科学的探究の方法」を主題とする正規講座、いわゆる「パレート・セミナー」を開設した。それは、パレート社会学の持つ主要な概念枠組と科学方法の有効性、そして専門分化が進んだ学問の限界から、学際的研究を可能とする基礎理論として、パレート社会学の浸透をハーバードにおいて目指すものであった。このセミナーには、最初からメイヨーを始めレスリスバーガーやホワイトヘッド（T. N. Whitehead）が参加していた。メイヨーは、パレートの残基に関連して心理学的観点に立った本能の概念について報告を行い、積極的に貢献していた。レスリスバーガーは、人間行動を論理的行動と非論理的行動とに峻別することの重要性を学び取り、特に彼にとって非論理的行動は、「人を根源的に人間たらしめるものであった」。それゆえに彼の自叙伝の表題である『捉えがたい現象』からして、パレート・セミナーを通した人間行動の理解は、強烈な印象を与えたと思われる。ヘンダーソンは、レスリスバーガーにとって「知的父」と称した所以である。[47]

またホーマンズ（G. C. Homans）とパーソンズ（T. Parsons）もつねに出席していた。ホーマンズは、ヘンダーソンによって社会科学の研究者として必要な能力と知識を身に付けていくのである。彼がパレート社会学を通してヘンダーソンから掴み取ったのは、科学の一般化であり、そして変数の相互依存性を取り扱ったパレートの社会システムと均衡の概念であった。[48] またパーソンズは、著書『社会的行為の構造』でパレートを取り上げるとともに、その草稿を通してヘンダーソンと長い討議を繰り返し、「一般的な科学方法論とパレートの著作の解釈」に対する彼の援助に謝意を表している。[49]

一九三五―三六年度には、ヘンダーソンは「パレート・セミナー」を発展させ、「一般社会学」の構築を目指した「社会学二十三講座」を開設した。その講座には、ヘンダーソンの他、メイヨー、T・N・ホワイトヘッド、レスリスバーガー、ホーソン・リサーチの報告書『経営と労働者』の共著者であるディックソン（W. J. Dickson）が講師として、さらにバーナードも参加するのである。[50]

「一般社会学」の「社会学」とは、「人々の相互関係（interrelations between persons）」の研究を指し、「一般」とは、歴史学、文学、経済学、社会学、法律学、政治学、神学、教育学などを含み、それらの学問領域に共通していることを意味する。人々の相互関係はさまざまな関係にある人間と人間とが織りなす相互作用、彼らの感情や利害、彼らの言行に関わり、その情況は、多くの変数を含む相互依存の状態にあり、社会システムという概念枠組を通して解明されなければならない。ヘンダーソンは、科学の一般性を追求する一歩を社会学の領域で踏み出したのである。

さらに一年を経た一九三七―三八年度から、「社会学二十三講座」は「具体社会学：ケースの研究」として、「ヒポクラテスの方法」を基礎にして開設された。社会学は、前とは異なり「人々の相互作用（interactions between persons）」として相互依存関係を前提にし、人間関係の動態的側面を強調した相互作用を対象とする。そして「具体社会学（Concrete Sociology）」の「具体」とは、ケースの研究を意味する。その狙いは、「ヒポクラテスの方法」における第一の要素である「物事に対する身をもって得た、習い性による直観的習熟」の強調である。この直観的習熟は、研究対象だけでなく体系的知識や有効な思考方法をも含み、あらゆる種類の有効な〝科学する〟活動にとって不可欠であり、「具体性置き違いの誤謬」の回避にある。(51) 学生に臨床的な性質を有する具体的なケースに自らを浸らせ、分析的であるよりも、むしろその情況全体へ適応する過程で掴み得る技能の直観的習熟の何たるか分からせ、人々の間の相互作用に携わる専門職の養成、それが講座の目的なのである。(52)

このように生化学から生理学の研究を行ってきたヘンダーソンは、パレートの社会学と出逢い、社会科学の方法を構築し、ホーソン・リサーチ、そして人間関係論の形成、さらにはバーナード理論への方法的基礎を与えることになるのである。

三　メイヨーのホーソン工場訪問

ヘンダーソンを中心とする疲労研究所は、これまで明らかにしたように着実に成果を挙げて行った。では、メイヨーが率いる産業調査室の活動はどのようなものであったであろうか。

アメリカに渡ったメイヨーは、科学がもたらした産業社会の人間問題にますます関心を強めた。科学技術の進展によって発明した大量生産方式によって比類なき生産の増大と安価な製品の提供は、物質文明を着実に創りつつあったが、それがもたらした産業組織の人間問題は取り残されていた。

メイヨーは、「科学は、一つひとつの原料や生産過程の探求に対して容赦なく用いられていますが、産業の新しい展開での人々の適応に対して、人間の性質や社会生活に対してまったく用いられてきませんでした。その結果として、個々人や家族は大都市の中で孤独になり、社会集団に属することをやめてしまったのです。・・・現在、人間有機体が活動する時に、何が起きているか知られておりませんし、精神的な気持ちの変化に対して（疑いもなく起こる）有機的変化の関係が何かも知られておりません。こうした知識を何も持たず〝労働情況〟を満足させるすべての工夫は皮相的であり、経験のままであります」と、現状を悲観視する。[53] 先駆的な研究として英国産業疲労調査委員会の成果があるが、疲労の問題は生理学的研究、単調感の問題は心理学研究となっており、いずれも一面的であった。仕事そのものだけでなく仕事への集団の態度、集団を構成する個人の仕事への態度こそが問題なのであり、「個々人の態度に対する慎重な研究なくしては、実りがない」と考え、自らの「全体情況の心理学」を強く求め、産業および社会の人間問題に対して科学的接近を行おうとしていた。そのためにメイヨーは臨床的方法（critical method）を何よりも重視し、産業界に入り込んで具体的な情報を得られる場を求めていたが、なかなか困難であった。

疲労研究所とともに設立された産業調査室には、フィラデルフィアからメイヨーとともに来たオスボーン（E. P. Osborne）に加え、レスリスバーガー（F. J. Roethlisberger）とラヴキン（O. S. Lovekin）が新たに助手として参加していた。レスリスバーガーは、マサチューセッツ工科大学を卒業して産業界に二年身を置いた後、哲学を学ぶためにハーバード大学に入り直した。彼は、ホワイトヘッドの紹介でメイヨーに引き合わされたが、メイヨーの片腕になるには程遠かった。

こうした研究環境とスタッフに恵まれていなかったメイヨーは、週に二回ほどの読書会をスタッフとともに開くだけで、時を過ごしていた。ヘンダーソンの疲労研究所の研究成果は着実であったが、メイヨーは彼自身の研究成果を示す証しを何も示すことができないでいた。彼は本来の臨床的研究ができない苛立ちからか、「わたくしは何処かへと逃げ出し、引き際をわきまえさせるような変化を自分に課すべきなのでしょうが、わたくしにはそれができません」と書簡で述べている[54]。

その二カ月後の一九二八年三月、メイヨーの元に一通の書簡が届いた。差出人は、アメリカ電信電話会社（America Telephone and Telegraph Company）の電話機製造部門のウェスタン・エレクトリック会社（Western Electric Company）の人事部長スティーヴンソン（T. K. Stevenson）である。この書簡を契機に、経営学史上に人間関係論が登場し、その原点となるホーソン・リサーチとメイヨーの名前が刻まれることになる。記念すべき書簡なので、次に記すことにしよう[55]。

ご貴殿におかれましては、冬の時期に（ニューヨークにある）ハーバード・クラブへお出でいただき、産業関係顧問会社のアーサー・ヤングが準備した人事担当者の会合で話されたことを覚えておられることでしょう。その折に、ご貴殿に対してわたくしは、ウェスタン・エレクトリック会社がシカゴ工場（シカゴ郊外にあるホーソン工場）で行っている休憩時間についての研究に関して、僅かですが個人的な会話をさせていただきましたが、ご貴殿はこの研究に非常に大きな関心を持たれ、われわれが行っていることに引き続き接触を持ちたいと話してくださいました。申し上げるまでもなく、このことは、わたくしにとって大変ありがたく存じます。

休憩時間の結果について、われわれが最近行った研究結果を同封いたします。わたくしはこの調査に多くの面で改善の余地があるとわかり、今ではさらに進んだ研究を見据え、われわれは研究を継続していく段階を迎え、問題に対して最も精確な方法で取り組んでいることを確信したいのです。

ご貴殿がこの研究調査を検討することに時間を割いてくださるならば、ご批判とご提案をいただきたいと願っております。そしてわれわれが行っていることに（ボストンからシカゴまでの）旅に値するに充分なほどの関心をお持ちになり、またわれわれの実験を観察し、実施している組織の担当者と話をされ、ご貴殿の経験から有益なことをお与えくださるために、ホーソンに出かけると決断していただくならば大変光栄に存じます。

この研究について他に何も意義がないとしても、われわれが休憩時間を扱わなければならない諸問題の解決のために真剣な努力を行っていることを、そしてご貴殿の協力を得るに足る充分に広い基盤に立って解決しようとしていることを、ご貴殿にお見せできるでしょう。

もしご貴殿がホーソンに出かけても構わないと思われるならば、ご都合をお聞かせください。もちろん、訪問に伴う費用はすべてわたくしどもに持たせていただきます。

この書簡を受け取ったメイヨーは、すぐさま、「・・・わたくしは、この二カ月以内にあなたからのホーソン訪問の招待を実現したいと願っております。わたくしは、必要とされている産業上の探求について、あなたがたが誠に素晴らしい始まりを創っていることを知り、嬉しく思います」と、その喜びを表したのである。(56)

その約一カ月後の一九二八年四月二四日、メイヨーは、助手のオスボーンとラヴキンを連れて、ホーソン工場を訪れたのである。(57) このメイヨーのホーソン訪問が、経営学史上の人間関係論の始まりとなる。

（吉原　正彦）

注

（1）Chandler, Jr., A. D., *The Visible Hand: The Managerial Revolution in American Business*, The Belknap Press of Harvard Univ. Press, 1977, pp. 209–239.（鳥羽欣一郎・小林袈裟治訳『経営者の時代（上）』東洋経済新報社、一九七九年、三七一－四二五頁。）

（2）Ford, H., *My Life and Work: An Autobiography of Henry Ford*, BN Publishing, 2008, p. 55.（豊土栄訳『ヘンリー・フォードの軌跡』創英社、二〇〇〇年、七〇頁。）

（3）今井斉『アメリカ経営管理論生成史』文眞堂、二〇〇四年、一八二頁。

（4） Barritz, L., *The Servants of Power: A History of the Use of Social Science of American Industry*, Wesleyan University Press, 1960.（三戸公・米田清貴訳『権力に使える人びと』未来社、一九六九年、四〇頁。）

（5） Munsterberg, H., *Psychology and Industrial Efficiency*, Houghton Mifflin Co., 1913, p. 3. ミュンスターベルクは、自らの応用心理学を「経済心理学」と呼んでおり、「産業心理学」の名称を使っていない。*Ibid.*, p. 303.

（6） *Ibid.*, pp. 308-309.

（7） Barritz, *op. cit.*.（前掲訳書、九八〇頁。）

（8） Chandler, Jr., A. D., *op. cit.*, p. 363.（鳥羽欽一郎・小林袈裟治訳『経営者の時代（下）』東洋経済新報社、一九七九年、六三〇頁。）

（9） *Ibid.*, p. 372.（同上訳書、六四二頁。）

（10） Cf., Sloan, Jr., A. P., *My Years with General Motors*, Harold Matson Co., 1963.（有賀裕子訳『新訳 GMとともに』ダイヤモンド社、二〇〇三年、五一―八二頁。）Chandler, Jr., A. D., *Strategy and Structure*, Massachusetts Institute of Technology, 1962.（有賀裕子訳『組織は戦略に従う』ダイヤモンド社、二〇〇四年、六五―二〇四頁。）

（11） Copeland, M. T., *And Mark on Era: The Story of the Harvard Business School*, Brown and Company, 1958, p. 43. Gay, E. F., "The Graduate School of Business Administration," *The Report of the President of Harvard University*, 1909-10, 1911, p. 123. 一九〇九年からはテイラーとガント（H. L. Gantt）が講義を行った。

（12） ケース・メソッドについては、次を参照されたい。村本芳郎『ケース・メソッド経営教育論』文眞堂、一九八二年。

（13） 辻村宏和『経営者育成の理論的基盤―経営技能の習得とケース・メソッド―』文眞堂、二〇〇一年、六〇頁。

（14） James, W., *Pragmatism*, Harvard Univ. Press, 1907.（桝田啓三郎訳『プラグマティズム』岩波文庫、一九五七年、四六頁。）

（15） Letter from W. B. Donham to L. J. Henderson, Dec. 27, 1937, Henderson Collection, Folder 4-9, in Baker Library Archives, Harvard Business School, pp. 1-2.

（16） Donham, W. B., "Confidential," March 31, 1937, Donham Collection Gb 2. 332, Box 2, in Baker Library Archives,

Harvard Business School, pp. 1–2.

(17) Cannon, W. B., "Lawrence Joseph Henderson, 1872-1942," *National Academy Biological Memories*, Vol. Xxiii, 1943, p. 46.

(18) このことについてヘンダーソンは、「今やわたくしは、複雑で、具体的な出来事に対する理解と関心を持つ喜びを知り始めた。そして間もなくわたくしは、一般法則の単純な適用がいかに有効な記述に不充分であるかを学んだ」と述懐している。このことが、後の社会学研究の基盤となるのである。Henderson, L. J., *Memories*, unpublished autobiographical manuscript dictated in period 1936–1938, in Widner Library Archives and Baker Library Archives, Harvard University, p. 224.

(19) *The Fitness of the Environment: An Inquiry into the Biological Significance of the Properties of Matter*, The Macmillan Co., 1913, and *The Order of Nature: An Essay*, Harvard University Press, 1917.

(20) Whitehead, A. N., *Science and the Modern World: Lowell Lectures*, 1925, The Free Press, 1926.（上田泰治・村上至孝訳『科学と近代世界』松籟社、一九八一年。）有機体哲学と経営学、さらにヘンダーソンとの関連性については、次を参照されたい。村田晴夫『情報とシステムの哲学―現代批判の視点―』文眞堂、一九九〇年。

(21) Henderson, L. J., "The Thermodynamics-Human Biology (Folder Title)," Henderson Collection, Folder 19–18, in Baker Library Archives, Harvard Business School, pp. 3–4.

(22) Cannon, W. B., "Lawrence Joseph Henderson, 1872–1942," *op. cit.*, p. 46.

(23) Henderson, L. J., "What is a School of Applied Science," *The Harvard Graduates' Magazine*, Vol. XXVI No. CIII, March 1918, pp. 404–411.

(24) Henderson, L. J., "Business Education as Envisaged by the Scientist," *Harvard Business Review*, Vol. V, No. 4, July 1927, p. 423.

(25) "The Fruitful Errors of Elton Mayo Who Proposes to Management and Labor a Social Basis for Industrial Peace," *Fortune*, Nov. 1946, p. 238. 櫻井信行『新版　人間関係と経営者―エルトン・メイヨーを中心として―』経林書房、一九六八年、二三頁。Trahair, R. C. S., *The Humanist Temper: The Life and Work of Elton Mayo*,

Transaction Books, 1984, p. 197.

（26） Letter from G. E. Mayo to David L. Edsall, Sep. 1, 1919, in The Francis A. Countway Library of Medicine, Harvard Medical School.

（27） Mayo, E., "The Basis of Industrial Psychology: The Psychology of the Total Situation Is Basic to a Psychology of Management," *Bulletin of The Taylor Society*, Vol. IX, No. 6, Dec. 1924.

（28） *Ibid.*, p. 264.

（29） *Ibid.*, p. 106.

（30） Triplet, R. G., "Harvard Psychology, the Psychological Clinic, and Henry A. Murray," *Science at Harvard University: Historical Perspectives*, eds. by Elliott, C. A. and M. W. Rossiter, Associated University Presses, 1992, pp. 224–226. 一九二六年に、臨床心理研究がなされて生理学者のムーリィが加わり、疲労研究所の活動に参加する。ハーバードで実験心理学から臨床心理の研究を行うようになったことには、ヘンダーソンの影響があったことは確かであろう。*Ibid.*, pp. 228–229.

（31） Letter from L. J. Henderson to W. B. Donham, March 16, 1927, Donham Collection Folder 20–8, in Baker Library Archives Harvard Business School.

（32） Letter from E. Mayo to W. B. Donham, Jan. 22, 1927, Donham Collection AA1.2 Box 37, in Baker Library Archives, Harvard Business School.

（33） Letter from B. Ruml to A. L. Lowell, May 12, 1927, LSRM Box 53, Folder 572, in Rockefeller Foundation Archives.

（34） Henderson, L. J., "The Harvard Fatigue Laboratory," *Harvard Alumni Bulletin*, Vol. XXXVII, No. 18, Fri. 8, 1935.

（35） *Blood: A Study in General Physiology*, Yale University Press, 1928. 本書は、血液に関する研究として今日でも古典とされている。

（36） Mayo, E., *Changing Methods in Industry*, unpublished paper, No. 15, 1929, Mayo Collection Box 6 Folder 2.015,

in Baker Library Archives, Harvard Business School, p. 4.
(37) Henderson, L. J., "The Harvard Fatigue Laboratory," *Harvard Alumni Bulletin*, Vol. XXXVII, No. 18, Fri. 8, 1935, pp. 550–551.
(38) Pareto, V., Trattato di Sociologia Generale, 2 Vols., Florence, 1916. Traite de Sociologie Generale, 2 Vols., Paris, 1917.（北川隆吉・廣田明・板倉達文訳『社会学大綱（現代社会学体系第六巻）』青木書店、一九八七年。）ただし、日本語訳は、第一二章と第一三章の抄訳である。
(39) Henderson, L. J., "The Science of Human Conduct: An Estimate of Pareto and One of His Greatest Works," *The Independent*, Vol. 119, No. 4045, Dec. 1927, p. 576.
(40) Henderson, L. J., "An Approximation of Fact," *University of California Publication in Philosophy*, No. 14, 1932.
(41) Henderson, L. J., "Lecture at class in Sociology 23, delivered October 3, 1935," Henderson Collection Folder 16–11, in Baker Library Archives, Harvard Business School, p. 7.
(42) それは、すでに述べたマクドウガルの形而上的な世界に終始している本能理論とは明らかに別のものである。
(43) 科学の発展に対するこのようなヘンダーソンの考えは、彼とホワイトヘッドから重要な示唆を得たクーンの科学の発展を科学革命とするパラダイム論を想起させる。Kuhn, T. S., *The Structure of Scientific Revolution*, The University of Chicago, 1962.（中山茂訳『科学革命の構造』みすず書房、一九七一年、ii－iii頁。）
(44) Henderson, L. J., "Fosdick 1st statement," Henderson File 5–13, in Baker Library Archives, Harvard Business School, pp. 1–2.
(45) Letter from L. J. Henderson to F. R. Lille, August 4, 1937, Henderson File 13–2, in Baker Library Archives, Harvard Business School, pp. 1–3.
(46) Henderson, L. J., "Address before Association. Harvard Club, Indianapolis, May 15, 1937," Henderson Collection Folder 19–21 and 6–10, in Baker Library Archives, Harvard Business School, p. 2.
(47) Roethlisberger, F. J., *The Elusive Phenomena: An Autobiographical Account of My Work in the Field Organizational Behavior at the Harvard Business School*, Harvard University Press, 1977, pp. 60–65.

(48) Homans, G. C., *Coming to My Senses: The Autobiography of a Sociologist*, Transaction Books, 1984, p. 117.

(49) Parsons, T., *The Structure of Social Action: A Study in Social Theory with Special References to a Group of Recent European Writers*, McGraw-Hill, 1937, p. vii.（稲上毅・厚東洋輔訳『社会的行為の構造　第一分冊』木鐸社、一九七六年、一四頁。）また、パレート・セミナーの成果として、次の著作がある。Homans, G. C. and C. P. Curtis, Jr., *An Introduction to Pareto: His Sociology*, Knopf, 1934, reprinted, Howard Fertig, 1970, and Henderson, L. J., *Pareto's General Sociology: A Physiologist's Interpretation, A Physiologist's Interpretation*, Press, 1935.（組織行動研究会訳『組織行動論の基礎―パレートの一般社会学―』東洋書店、一九七五年。）

(50) *Division of Sociology: Containing an Announcement for 1937-38 in Official Register of Harvard University*, Vol. XXXIV, No. 10, March 18, 1937, in Pusey Library, Harvard University, p. 13.

(51) Henderson, L. J., *Introductory Lectures in Concrete Sociology*, edited with an Introduction by C. I. Barnard, unpublished, Henderson Collection, Box 23, in Baker Library Archives, Harvard Business School, pp. 65-66.

(52) 詳しくは、次を参照されたい。吉原正彦『経営学の新紀元を拓いた思想家たち―一九三〇年代のハーバードを舞台に―』文眞堂、二〇〇六年、三八六―四一三頁。

(53) Letter from E. Mayo to E. Wright (Assistant Dean), Oct. 31, 1927, Donham Collection Box 37, in Baker Library Archives, Harvard Business School.

(54) Letter from E. Mayo to B. Ruml, Jan. 29, 1928, LSRM Series 3.6 Box 53, Folder 572, in Rockefeller Foundation Archives.

(55) Letter from T. K. Stevenson to E. Mayo, March 15, 1928, Mayo Collection Box 5, Folder 1.087, in Baker Library Archives, Harvard Business School. カッコ内は、引用者による。

(56) Letter from E. Mayo to T. K. Stevenson, March 19, 1928, Mayo Collection Box 5, Folder 1.087, n Baker Library Archives, Harvard Business School.

(57) Letter from G. A. Pennock to E. Mayo, April 17, 1928, Mayo Collection Box 5, Folder 1.087, in Baker Library Archives, Harvard Business School. この最初のホーソン工場の訪問に、レスリスバーガーは参加していなかった。

第二章　ホーソン・リサーチ
――人間関係論の形成――

ホーソン・リサーチの行われたウェスタン・エレクトリック会社は、アメリカ電話電信会社（ＡＴＴ）の傘下で、電話機製造部門である。そのホーソン工場だけで一九二九年従業員数は約四万人を数えた。ここでは次の六種の実験ないし調査が行われている（図表２―１）。①照明実験（Illumination experiments）②継電器組立作業テスト室（Relay Assembly Test Room）③第二継電器作業集団（Second Assembly Test Group）④雲母剥ぎ作業テスト室（Mica Splitting Test Room）⑤面接計画（Interviewing Program）⑥バンク配線作業観察室（Bank Wiring Observation Room）。

ホーソン・リサーチといわれる六種の実験・調査のなかで、代表的中心的なものは、その後における理論上実践上の意義などからすると、下記の三者がホーソン・リサーチの三大イベントであり、付記しているそれぞれが果たした役割はホーソン・リサーチの三大事績といっていいものである。

（ａ）継電器組立作業テスト室：人間関係論的効果の発見・提示。

図表 2-1　ホーソン・リサーチにおける各実験の期間

	期間
照明実験	1924 年 11 月 24 日～ 1927 年 4 月 30 日
継電器組立作業テスト室	1927 年 4 月 25 日～ 1933 年 2 月 8 日 （ただし終了日については 1929 年 6 月 29 日とするものと 1932 年 6 月 17 日とするものがある）
第二継電器作業集団	1928 年 8 月 27 日～ 1928 年 9 月 29 日の基準期間 1928 年 11 月 26 日～ 1929 年 1 月 26 日の実験期間 1929 年 1 月 28 日～ 1929 年 3 月 16 日の通常条件への復帰期間
雲母剥ぎ作業テスト室	1928 年 8 月 27 日～ 1928 年 10 月 20 日の基準期間 1928 年 10 月 22 日～ 1930 年 9 月 13 日の実験期間
面接計画	1928 年 9 月～ 1931 年
バンク配線作業観察室	1931 年 6 月 22 日～ 1931 年 11 月 12 日の基準期間 1931 年 11 月 13 日～ 1932 年 5 月 19 日の実験期間

（b）面接計画：人間関係論理論の形成。

（c）バンク配線作業観察室：インフォーマル集団の発見・解明。

しかもこれら三者は、実験意図や概念枠組が異なり、ホーソン・リサーチにおける三つの考え方といっていいものである。即ち、継電器組立作業テスト室はウェスタン・エレクトリック会社の研究者を中心にして行われたものであったのに対して、面接計画はメイヨーを中心にその社会学理論、端的にはメイヨー的人間関係論を中心にして、その確立という観点でなされたものであり、バンク配線作業観察室はウォーナー（W. L. Warner）の社会人類学理論を根本においてインフォーマル集団を解明するという視点にたつものであった。

本章では、ホーソン・リサーチを、人間関係論的効果を立証したとされる継電器組立作業テスト室を中心とした部分と、人間関係論の形成およびインフォーマル集団の存在・機能を明らかにしたとされる面接計画以後にわけて概述し、論を進めることにする。

第一節　人間関係論的効果の発見・提示

一　照明実験（一九二四年一一月二四日～一九二七年四月三〇日）

ホーソン・リサーチの第一段階は、照明実験である。これは、全米科学アカデミー（National Academy of Science）の全米研究評議会（National Research Council：以下ＮＲＣ）に設置された「産業における照明の質・量の能率に及ぼす関係についての委員会（Committee on the Relation of Quality and Quantity of Illumination to Efficiency in the Industries）によって行われたもので、その当時電機業界等で唱えられていた、照明を上げれば能率が上がるという説を実証するために行われたものである。[1] その当時ホーソン工場の総工場長であったストール（C. G. Stoll）がこのＮＲＣの研究に対して協力の申し出を行い、ホーソン工場で実験が行われることとなった。

最初に行われた実験では、検査部門・継電器部門・コイル捲き部門の三つの実験グループと、コイル捲き部門での一つの基準グループとを編成し、前者の実験グループでは漸次照明を明るく変化させてその作業量の変化をみる一方、後者の基準グループでは一定の照明度のもとで作業をさせて作業量の変化をみる。そして実験グループと基準グループの作業量を比較することにより照明度の効果をみるというものであった。

実験を行ってみると、実験グループでは、これは実験当初から予想されていたことであったが、照明の度合いを明るくすればするほど作業量は増加していく傾向がみられた。しかし、一定の照明度のもとで作業していた基準グループでも、実験グループと同じような作業量増加がみられるケースがあった。結果的に、ここでは作業量と照明に相関関係があるという説は実証されなかった。それよりも、能率には照明以外の要素が影響するものであり、照明の作用のみを純粋に取り出して実験することが極めて困難であることが、改めて明らかになった。

またこの実験では、実験当初から、作業員たちが実験に参加しているという心理状態をもち、それが実験結果に影響を与えるであろうことが予測されていたが、このことがまさに実証されたものとなった。それゆえ次の段階では、照明以外の諸要因にできるだけ配慮することが必要とされた。

第二実験は、最初に行われた実験の教訓を活かし、照明以外の要因、即ち監督の方法にも配慮がなされたものとなっている。その当時ホーソン工場では、決められた手順や規則を遵守するスタイルであったが、ここでは作業員の協力確保をねらった親しみやすいスタイルが用いられた。その中心的な実験対象は誘導コイル捲き部門で、実験グループと基準グループが作られ、この二つのグループは、互いに競争心がおこらぬよう別々の場所に設定されている。両グループの作業員には、ほぼ同じ程度の経験度があり、実験直前の時期にはほぼ同じ程度の平均作業量であったものが選ばれた。

この実験は、基準グループでは、照明度をできる限り一定に保ち通常の監督方法で、実験グループでは照明度を変化させるだけでなく、監督方法を通常の作業場でのとは異なるものとし、それらの作業量変化を比較するというものであった。しかし、その結果は、両グループともに作業量が増加するというもので、そこに有意な差がまったくないものとされた。つまり、照明度の変化が作業量に影響を与えるということは実証されなかった。加えて、照明の能率に及ぼす影響よりも、実験に参加しているという心理状態などに依存する度合いの高いものであることが考えられた。

この二つの実験では、照明について自然光と人工照明が区別されておらず、その両者が併用されており、完全に照明度がコントロールされていたとはいえない。そのために、照明度の作業量に及ぼす効果を測る実験としては不完全ではないかと考えられ、この点に充分に配慮した第三実験が行われた。この実験では、自然光が一切入らない特別な実験作業室を用意し、人工照明のみが用いられた。基準グループは照明を一定に保ち、実験グループでは照明を徐々に低下していき、その際の作業量変化が比較された。結果としては、照明度を暗くしていった実験グループでも、作業量は特に低水準のものとはならなかった。ちなみにここでは、賃金制度が作業量に影響を与えているのではないかという意見が出ており、そこで用いられていた個人出来高給制を個人日給制へと変更されるということも行われているが、そこでも違いはほとんどみられなかった。

また、一九二七年二月に、ホーソン工場では、照明に関する別の二つの実験も行われている。この実験はハーバーガー（H. Hiberger）らによって行われたもので、照明度を変化させた際の作業量の変化をみるとともに、作業員の意見も聞かれている。一つ目の実験は、二名の継電器組立作業員を対象に、照明度を下げるなかで作業を行うというものであった。結果としては、手元が見えなくなる程度まで照明度が下がった時に、作業量が大幅に減少した。作業員の意見としては、照明が明るすぎると目が疲れ、それがかえって作業に支障をきたすというものであった。(2)

二つ目の実験は、照明を規則的に少しずつ明るく、あるいは暗くし、その際の作業員たちの意見を聞くというもので、それに対する作業員たちの意見は総じて、照明は明るいほうがよいというものであった。しかし、照明を明るくするために、あるいは暗くするために電球を変えると事前に伝えたうえで、実際には同じ照明度で作業をさせたところ、どちらの場合でも作業量はほとんど変わらなかった。つまり、照明度は作業量に影響を与えなかったのである。

以上のような結果から、NRCが検証しようとした照明を上げれば能率が上がるという説は実証できず、NRCは最終報告書をまとめることもなく照明実験は終了した。(3) ここから、能率を規定するものは何かが改めて問われることとなった。これに対し、ウェスタン・エレクトリック会社関係者はこの実験でも、能率は単一の要因ではなく、多くの要因に影響されるという考えを強くし、疲労と能率との関係を解明することを意図して、継電器組立作業テスト室の実験を始めることになった。

二　継電器組立作業テスト室（一九二七年四月二五日～一九三三年二月八日）

継電器組立作業テスト室の主導者・責任者は、照明実験の推進者であったホーソン工場技術部門長ペンノック（G. A. Pennock）であった。ペンノックら同社幹部が当初解明したいと考えていたのは、疲労と能率の関係であり、具体的には、①なぜ午後になると生産量が下落するのか、②作業者は本当に疲れ切っているのか、③休憩をはさむことは望ましいのか、④装備や設備の変更はどのような影響を与えるか、⑤作業者の仕事や会社に対する態度はどのようなものか、⑥作業時間を短縮すると作業量はどうなるのか、という六点であった。

そこで同社では、休憩設定・終業時間の繰上・休業の増加などの作業条件を変化させた際に、作業状態がどのように変化するのかを知ることを目的とした実験を行うことになった。そのため、比較的短期間で作業条件を変化させることとなり、通常の作業条件から始まるこの実験は、それぞれの前後の作業条件と異なる条件の二四の期間に分けて実施された。それぞれの期間は、短いもので二週間、長いもので三一週間に設定された。

継電器組立作業テスト室における実験メンバーは五名の女性従業員で、彼女たちの行う継電器組立作業は、約三五の部品を取り付けて、継電器に仕上げるもので、一個の仕上げに一分程度かかるものであった。実験メンバーを含め、作業台の上の部品の配置などは全員統一されていたが、実際の作業のやり方に関しては人によって違いが認められていた。

実験メンバーたちは作業台に横に一列に並んで座って作業し、作業台の各人の右の手元には仕上品を投入するシュート口があり、仕上品はそのシュートを通って作業台の前の箱に流れる際に、その数や仕上にかかった時間が個人別に自動的に記録されるようになっていた。作業台の一番端には、部品の供給や仕上品を箱から回収するためのレイアウト作業員が配置されており、実験メンバーたちの作業量の記録をとることになっていた。

実験メンバーの作業台の向かい側に、この実験についての会社側の直接的担当者であったハーバーガーが常時着席し、テスト室での出来事に関する詳細な記録、テスト室内の友好的な雰囲気を作り出すといった役割を担っていた。そのため、実験のための作業条件の変更等はハーバーガーから実験メンバーに事前に伝えられ、またその条件終了時にはメンバーから感想を聞くこともなされていた。

テスト室内の出来事の記録には、作業の開始時間・終了時間、一五分ごとの作業量、仕上品不良のための修復時間（repair time）、規定上の休憩時間（scheduled rest time）などを記録するLog Sheetとよばれるものと、実験メンバーたちの意見、それに対するハーバーガーらの返答などを含んだテスト室でのあらゆる出来事を記録したHistory Sheet（or Daily History Record）があり、先述のシュートの自動記録、レイアウト作業員による記録と合わせて、かなり詳細なものとなった。

このテスト室は、第二期から一般の継電器作業の部屋とは異なる場所に設けられ、それに加えて第三期以降は、それまでの一般作業場を含む全体を一単位とする集団出来高給制から、実験メンバーだけを一単位とする集団出来高給制に変更されることになった。このように、実験が進行するにつれて、テスト室内での独自の社会状況が醸成されていったのである。

実験期間において最も注目を浴びてきたのは、一二期（一九二八年九月三日〜同年一一月二四日）の状況である。この期に、実験メンバーの労働条件は、休憩時間も軽食もないが、メンバー五名だけの集団出来高給制という第三期の条件に戻された。つまり、実験開始以来約一年五カ月、休憩・終業時間の繰上などの労働条件の変化によって労働時間の短縮が始まった四期以降、約一年一カ月経過した後に、実験当初の四八時間体制に戻ったのである。この期において作業量（メンバー全体の平均）は、直前の一一期からはわずかに減少していたのだが、同じ労働条件の三期とくらべるとその作業量は大幅に増加していた。このことにより、人間は組織の中でも人間的社会的存在として扱われ、作業方法等で相談を受けたりすると、仕事にやりがいを感じ、それがたとえ作業条件が悪い場合であったとしても、作業遂行に努めるという人間関係論的効果を実証したものとして讃えられたのである。(4)

レスリスバーガーは、人間関係論的考え方を提示した一九四一年の"Management and Morale"でこの点を強調し、一二期以降では実験担当者たちはこれまでの考え方を根本的に改め、従業員の態度と感情が決定的に重要なことを知ったのである。(5)

ちなみに、この実験の開始から一年弱ほどして、実験過程で生じた作業量増加がなぜおきたのかということが話題となり、この点をさらに究明するために、継電器組立作業テスト室に続く、第二継電器作業集団、雲母剥ぎ作業テスト室、面接計画が計画されるとともに、実験結果の解釈について外部に意見を求めるために、メイヨーとマサチューセッツ工科大学生物学・公衆衛生学教授のターナー(C. E. Turner)が招聘された。

メイヨーは、一九二八年四月二四～二六日にホーソン工場を初めて訪れ、この時からホーソン・リサーチに本格的に関与した。(6)もともとかれは、生理的状態と心理的状態とには相互関係があると考え、その理論を確立しようとしていた。メイヨーは、自らの理論的な関心に基づいて参画当初から作業場における人間的状況の研究(understanding of human situations)に関心を持っていたのである。

しかし、メイヨーは後述する面接計画ではリーダー的な役割を果たしたが、この継電器組立作業テスト室に関与したのは一九三〇年後半からと考えられる。この実験は、メイヨーの参画以前に、ウェスタン・エレクトリック会社関係者だけで計画され実施されてきたものであり、その関心は、作業量増加という結果が示されることに向けられ、そういった結果はテスト室の運営がうまくいくことで結実するものと考えられていた。

メイヨーは、かれの考える社会学理論が作業量増加で実証されるものと考えていたが、ウェスタン・エレクトリック会社関係者は自分たちの持つ実験意図（当初は疲労と能率の関係）が作業量増加で測られるものとしていた。作業量増加が実験成功の具体的指標であった点では、メイヨーとウェスタン・エレクトリック会社関係者との間で違いはなかったが、その解釈には違いがあったのである。

三　第二継電器作業集団（一九二八年八月二七日〜一九二九年三月一六日）と雲母剥ぎ作業テスト室（一九二八年八月二七日〜一九三〇年九月一三日）

第二継電器作業集団と雲母剥ぎ作業テスト室の実験は、継電器組立作業テスト室の補足的な実験として、賃金と作業量増加の関係をみるために、共に一九二八年八月二七日に始まったものである。

第二継電器作業集団は、通常の作業条件のもとで、賃金制度のみを実験メンバー五名のみの集団出来高給制にしたもので、通常の賃金体系の基準期間の後に、実験期間として集団出来高給制を導入し、最後に元の条件に戻す復帰期間という順で行われた。実験結果は、実験期間の際に、メンバー全体でみると作業量は一二・六％増加したが、復帰期間になると一六・八％も下落し、基準期間以下の作業量となった。

しかし、実験期間における作業量は、全体でみると通常期間に比べて増加しているが、その期間中継続して増加し続けたわけではなかったので、賃金はある一定額以上になると刺激機能はなくなると考えられた。また、復帰期間の作業量が、基準期間よりも少なくなったことに関しては、この実験メンバーたちが継電器組立作業テスト室のメンバーたちにたいして競争意識をもったことによって基準期間の作業量が著増したと考えられた。そしてレスリスバーガー／ディクソンは、賃金には作業量増加（能率向上・生産性向上）の刺激機能はいわれるほどにはないと総括している。(7)

雲母剥ぎ作業テスト室は、賃金制度を通常の作業場と同じもので不変のものとし、超過勤務を課す、休憩時間を導入するといった作業条件を変化させて、その効果を調査しようとしたものである。具体的には、一般作業場での一般作業条件という基準期間を設け、その後に実験ルームに場所を移して一般作業条件での調査を行い、その後に休憩時間を導入した上で超過勤務の有無を変化させている。実験メンバーは、自薦の二名がその他の三名を推薦する形で決められた。

賃金は個人出来高給制で、実験前から不変であったが、規定時間外の超過勤務時間には五〇％、休日出勤には一〇〇％の割増金が支給されるものであった。(8) また、休憩時間は、午前午後に各一回ずつ休憩時間が設定される、というものであった。この休憩時間は一般の作業場にはなかったもので、その意味でこの実験の結果は、実際には休憩の効果のみを示すものであった。(9)

実験期間における作業量は、実験開始約一〇カ月後の休憩時間あり・超過勤務なしの時に概ね最高記録に達している。レスリスバーガー／ディクソンは、開始から約一四カ月後の一九二九年末をもって実質的には終了したとし、この一四カ月間に実験メンバー全体で作業量は平均約一五％上昇したものと総括している。

そしてレスリスバーガー／ディクソンは、この実験の場合、作業量増加の大きな根拠が各人別の出来高給制にあることを一応認めている。[10] 雲母剥ぎ作業テスト室は、先述のとおり個人別出来高給制で、個人の努力が賃金に直接反映するものとなっていたが、実験メンバー同士の集団的連帯性が生まれず、実験メンバーの言動等も個人的発想の域（story of individuals）を出なかったとしている。[11] しかしそれは最後には否定され、この実験では賃金制度が不変のものであったということから、その作業量増加は賃金以外の要因によるものと結論づけている。

このうえにたって、基本的実験である継電器組立作業テスト室についても作業量増加に対する賃金制度変更の影響が見直された。継電器組立作業テスト室の実験では、一九二九年八～一一月ごろに約三〇％強の作業量増加がみられるが、賃金制度の変更も行われている。それゆえ、レスリスバーガー／ディクソンは、この約三〇％から、雲母剥ぎ作業テスト室で見出された賃金以外の要因による効果の一五％を減じた残りの一五％は、賃金制度変更の効果であるといってもいいとしている。しかし最終的には、作業量は多くの要因により決まるものであり、少なくとも継電器組立作業実験の場合では、賃金のみを唯一の変動要因とすることは絶対に認められないと、改めて強く主張している。[12]

第二節　人間関係論の形成とインフォーマル集団の発見

一　面接計画（一九二八年九月〜一九三二年）

ホーソン・リサーチでは、人間関係論的効果を立証したとされる継電器組立作業テスト室と、インフォーマル集団の存在・機能を明らかにしたバンク配線作業観察室が著名であるが、人間関係理論の形成のうえにおいては、かつ、ホーソン・リサーチを契機とする従業員管理上の方策としては、面接計画が大きな意義をもつ。

この面接計画では、一般従業員対象の通常の面接計画が一九三〇年末大恐慌の影響が深刻なものとなり、中止された後、翌一九三一年から監督者対象の面接計画が行われている。また、この面接計画は、ホーソン・リサーチ以後一九三六年に、従業員管理の有力な方策の一つとして展開されるカウンセリング活動（personnel counseling）として引き継がれていくことになるものである。

この一般従業員面接計画の直接的なきっかけになったのは、一九二七年四月二五日から始められた継電器組立作業テスト室で、実験対象メンバーに作業量増加がおき、その原因として同社において①賃金制度の変更、②就業時間の変更（休憩の導入）、③友好的な管理・監督方式への変更、の三つの意見が出された。この点をさらに深く究明するために、一般従業員面接計画などが始められた。

その当時のホーソン工場は、量的に大躍進の状態にあり、監督者の増員・育成が急務とされていた。それまでのホーソン工場では、ケーススタディ的学習活動としてミーティング方式（supervisors' conference）の管理・監督の改善、監督者訓練が行われていたが[13]、しかしそれは実際のデータが乏しく、実用するには充分なものではなかった。そこで、監督者育成方法を発展させるために、一般従業員の声を聞く必要性が生じ、検査部門での面接計画が始められることになった。

この面接計画は、管理・監督の方法・実態についての一般従業員の生の声を聞くということに重点が置かれていたこともあり、その影響で監督者の中には、面接の開始とともに一般従業員に対する態度を改める者などもあった。このように行われた面接計画に対して、一般従業員だけでなく監督者も含めて全体として面接を歓迎する反応を示していた[14]。

そこで、検査部門での面接計画に続いて、さらに本格的に計画を進めることになり、まず一九二九年には製造部門で実施し、一九三〇年にはホーソン工場全部門に拡大するよう取り決めがなされた。それとともに、一九二九年二月一日これらの実験・調査の担当部局として「面接担当」、「面接結果分析」、「監督者訓練」、「実験作業室担当」の四セクションをもつ「産業研究部」が創設された。

そして、面接方法にも重要な変更が行われ、一九二九年七月から新しい方法、即ち非指示的面接方法が導入された。この点でも面接計画は新しい段階に入った。それまでの方法は、三つのテーマに基づいて、どのような問いをするかがそもそも決まっており、それぞれの所定項目についてイエス・ノーを求める指示的な方法であったが、新方法では、インタビュアーは相手に好きなように話しをさせるという非指示的なものとなり、面接記録もそのように作るものとされた。この新方法への変更はメイヨーの指導でなされたもので、その肉付けはメイヨーの指示でこの時ホーソン・リサーチに本格的に参画したレスリスバーガーが担当した[15]。

面接で集められたデータは、面接結果分析セクションで分析・検討が行われた。一九二八年の検査部門対象の面接では、面接でのコメントは三四項目に分けて集計されていたが、製造部門対象の面接計画では、これに三項目を加えた三七項目に分類されて集計され、有効とされたコメントは、八万六三七一件（面接対象者総数一万三〇〇名）にものぼった[16]。全体としては、不満というコメントは工場作業条件（plant conditions）に関連したものに多く、賃金制度・監督・勤務時間・昇進などの労働条件では満足と不満が比較的拮抗した状態となっていた。

これらのコメントの分析を進めてみると、不満というコメントの多かった工場作業条件の場合、状況の悪い場合にのみ不満というコメントがなされることが多いということや、満足・不満が拮抗していた労働条件では、事実に対する個人的な考え方の違いによって相対立する矛盾したコメントが出てくるということがわかってきた。つまり、面接計画で得られた従業員のコメントは、必ずしも事実そのものを示しているとはいえず、その事実についての感情や好みなどが含まれて表現されていると考えるべきものが存在するのである[17]。

結果として、この面接計画で得られた従業員らのコメントは、作業条件や労働条件などの状態そのものが示されているというよりは、それぞれの事柄についての従業員の感情（empoyees' feelings）が示されたものと理解すべきとされた。つまり、言葉は事実を正確に表しているわけではないのである。このことに関してレスリスバーガーは、面接計画インタビュアーに対して、従業員が本当のことを話しているかどうかは重要でない。その者が本当と信じていることが重要だと説いている[18]。

一方、メイヨーは、面接計画によって、従業員の不満というものがほとんどすべて非合理的な産物（irrational constructions）として理解していいものであることがはっきりしたという見解をとっていた。つまり、従業員のコメントが事実を表しているかどうかは、不確定なものではあるが、感情として従業員の意識の中に存在し、その感情によって行動が動かされるという点が重要であると考え、そのような感情がどのように形成されるかを解明することを強調したのである。それゆえ、面接計画では、人々の意識・感情の探究に焦点が当てられ、その意識・感情が形成される個人のおかれた社会的状況の探究が目的とされることになった[19]。

こうした角度から、面接方法のさらなる改善が必要となってきた。それまでの非指示的面接方法は、面接が単なる会話的なものとなり、コメントもばらばらなものとなる傾向にあった。このような点を改善するために、面接方法はさらに改良されることになった。面接では、相手を理解し（understanding）、教導する（orientation）という点が重要であると強調され[20]、インタビュアーは相手の言うことを辛抱強く友好的に聞くことを原則とし、理性的な鑑識眼をもって対応し、必要な場合には積極的に話しかけたり、質問をするようにすること、などの細かな取り決めがなされた。

この新たな面接方法は、ホーソン・リサーチにおける面接方法の確立といっていいものであるが、一九三〇年の終わり頃にようやく実行に移されたものであったため、一九三〇年末に中止となった一般従業員対象の面接計画ではほとんど適用されることがなかった[21]。

さらに、この時期には、監督者を対象とする面接計画も行われた。監督者は、ランクの違いにより社会的状況がかなり異なるという事情がある。つまり、被面接者同士の間には、男女の別、勤続年数などの差異（distinction）があり、面接結果を分析する際にはこのようなものを含めた社会的距離を考慮に入れる必要があるとされた。こういった違いは、そもそもはその組織上の地位に基づいて規定されるものとみなされていたのであるが、その地位だけに規定されるものではなく、そのランクの位置づけに対する評価によって組織上のステータスが決まるとされ、それによって個人の感情が左右され、その感情によって面接での表現や組織内での行動が規定されるとする。

これが、この段階での面接計画の結論である。これは何よりも社会的志向のもので、次のようにまとめられるものであった[22]。

①　従業員（監督者を含む）の態度は、一定の感情の体系（system of sentiment）によって規制されコントロールされるものである。

②　この感情の体系は、当該組織の管理者をも含む社会的組織の評価を含むものである。

③　仕事環境上のすべての出来事はこの感情の体系に起因する。

④　それゆえ、仕事環境上の人々の満足・不満足を理解するためには、これらの出来事の相互関係、その人がもつ社会的組織上のポジションに与える影響との関連、その人の属する社会的組織に与える影響、その人の欲求に与える影響、などとの関連において理解する必要がある。

この監督者面接計画を含む、一九二八年九月から始まる面接計画は、面接対象である人間を心理的存在とみることから社会的存在とみることへと進展させた過程であり、この過程において、人間関係論的な考え方、即ち、人間はその置かれている環境により規定される社会的な意味合い（social significance）との関連においてのみ理解される、ということが明確になったものと考えられる[23]。

以上のように、ホーソン・リサーチの一環として始められた面接計画は、その進展とともに面接方法に改善が加えられ、より高度のものへと発展していった。その多くの部分はメイヨーの努力によるもので、その面接方法の改良を基盤とした人間に対する考え方の進展は、人間情況の理解を中心としたメイヨー的人間関係論理論の形成・発展の過程そのものであったと考えられる。これに対して、継電器組立作業テスト室は、メイヨーの参画以前に、ウェスタン・エレクトリック会社関係者のみで計画されたこともあり、メイヨーの影響は限定的であったと考えられる。それゆえ、この面接計画こそがメイヨーのものであったと考えられ、その功績は十分に認められなければならないであろう。

二　バンク配線作業観察室（一九三一年六月二二日～一九三二年五月一九日）

バンク配線作業観察室は、インフォーマル集団による作業量制限行為の存在・実態を明らかにしたものとして著名である。これは一九四一年六月二七日～一九三一年一一月一二日を準備（基準）期間、一九三一年一一月一三日～一九三二年五月一九日を実験期間として行われた。これは、概念枠組がメイヨー／レスリスバーガーらの個人心理志向的方法ではなく、ウォーナーの社会人類学的方法におかれていたもので、労働者たちは職場で独自の集団・文化を作り、それが企業のフォーマルなものと同様に有効性を持っている、というウォーナーの理論に立脚したものである。

この実験の直接的きっかけとなったのは、実際の作業現場において集団的作業量制限行為が確認されていたことであり、このことはディクソンの報告書だけではなく、面接計画インタビュアーの報告書等でも述べられていた。[24] ホーソン・リサーチの関係者らにとっては、そのような制限行為を作り出す集団がどのように形成され、どのような機能を果たしているのかといった、その実態の解明が重要な課題とされたため、照明実験のように意図的になんらかの環境変化を作り出すといったことをするのではなく、実際の作業現場をあるがままに観察することが必要とされた。[25]

それゆえ、実験に際してはこの実験の趣旨とともに、①通常通りの作業をすればよいということ、②実験関係者（観察者・インタビュアー）は上司的な機能を持つものではないということ、③実験メンバーの言動をかれらにとって不利益となるものとして取り扱わない、ということが説明された。

このバンク捲き線作業には、捲き線作業員（コネクター作業員・セレクター作業員）・溶接作業員・検査作業員の三種の作業員がおり、捲き線作業員・溶接作業員は製造部門に所属する者である。しかし、検査作業員は検査部門に属する者であり、その部門から捲き線作業員・溶接作業員の作業を検査するために派遣されている状態であった。加えて、検査作業員は、その検査作業において定められた一定の基準に基づいて検査するだけではなく、そこに自己の判断（inspector's personal judgment）を加味することが許可されていた。つまり、検査作業員は、捲き線作業員・溶接作業員に対して非公式的なものではあるが権限を持った上位者的な立場（superordinate position）であると考えられ、製造部門でその存在は別格的なものであった。(26)

このことは検査作業員の服装にも表れている。その当時のホーソン工場では、フォーマン・准フォーマンは上着・ベストを着用し、班長・掛長はベストのみ着用、一般従業員は上着・ベストなしというもので、その服装は身分差を象徴するものとして考えられており、検査作業員は上着とベストを着用していた。

また、捲き線作業員と溶接作業員の関係は、捲き線作業員を上位とする一種の主従関係にあった。これは、規則上は禁じられていた仕事交換（job trading）、即ち、捲き線作業員が一時的に溶接作業を行い、溶接作業員がその代わりに捲き線作業をするといった行為が、ほとんどの場合捲き線作業員主導のもとに行われていたことに表れている。(27) つまり、この作業場の社会的地位は、検査作業員、捲き線作業員（コネクター作業員・セレクター作業員）、溶接作業員の順になる。このような社会的関係のもとにこの実験作業は行われた。

実験開始直後、作業員たちは私語も少なく、観察者に対してもほとんど話かけることもなく熱心に作業を進めていたが、日が経つにつれ観察者との間の緊張関係が緩和され、雰囲気が和らいだことから、私語を始めたり、歌を歌うものまであらわれ、さらには観察者が作業員たちの会話に加わることもできるようになっていった。これは、作業員たちが観察者たちを無害のものと理解したと考えられ、このような状態を作り出すことで、実際の作業現場をあるがままに観察することができたのである。

ここで行われていた作業は、捲き線・溶接・検査の作業がセットで行われるもので、一日の作業量は仕上品の数量（この作業場の場合、一日二個）を基準に決められることが慣例となっており、この数量を前提に自身の作業量を考えている者もいれば、これをボギー（bogey）、即ち最高熟練作業者が樹立した作業量を基準に定められた目標作業量を自身の作業量と捉えている者もいた。しかし、実際の作業量がボギーに到達するものは誰もいないばかりか、すべての作業員が所定の就業時間以前に仕事を終えていたのである(28)。

このような作業状況に加えて注目すべきことは、作業員が一時間ごとに班長に報告していた作業量と、観察者が実際に確認した作業量に違いがあったことである。つまり、作業員たちは報告作業量を操作していたのである。これは、捲き線作業の場合、その数量の計算・確認に手間がかかるために、班長がその数量を実際に確認することを通常行っていなかったことにも原因があるのだが、作業員たちは、多く作業した時の作業量を少ない作業量の時に上乗せするためにこのような行為をおこなっていたのであった。しかし、最も重要なことは、こうした操作をすることによって、それぞれの報告された作業量が平準化され、その作業量にほとんど変動がみられなかったことである。

なぜこのように作業量を平準化するように操作して報告する必要があったのだろうか。結論的にいうと、実際通りに報告すれば、それが職場の作業量水準を超えることとなり、このことが作業員たちにとって都合の悪いものと考えられたのである。つまり、作業員たちの日々の努力は精一杯のものであって、さらに向上することなどないということを組織的に示そうとする、集団的作業量制限行為が行われていた。そのための作業量の繰り越し・平準化であったと考えられた。

このような集団的作業量制限行為などの実際の社会的集団的行動は、先に述べた職務上における上下関係・主従関係にとらわれずに、集団がインフォーマルに形成され存在し、その所属員の行動を律するものとなっていたというのが、レスリスバーガー／ディクソンらの主張であり、この実験はそれを立証したものとされている。(29)

集団的作業量制限行為は、そもそもこの実験を行うきっかけとなったものであるが、実験開始後においても、そのような行為をする理由として、実験メンバーたちは、観察者やインタビュアーに二つほどの理由を挙げている。第一は、いわば古典的な賃率切下げ対抗、組織的怠業論である。即ち、作業量を多くする者がいると、ボギーの切上げが行われ、同じ賃金額を得るために、これまで以上の作業量を行わなければならないという考え方である。もう一つは、作業量を多くする者がいると、仕事上不要な者ができて、レイオフされるであろうという見解である。また、作業量制限行為は自発的になされるだけではなく、強制される場合もあった。その方法は、通常ビンギング（binging：ふざけ合い）といわれるもので、例えば腕を軽く叩くことで合図を行い作業量を制限させるものであった。(30)

少なくともここでは、集団の基準（group norm）が作り出され、そのことによって集団的作業量制限行為が行われている実態が明らかにされている。この実験を総括して、レスリスバーガー／ディクソンは、こうしたインフォーマル集団の果たす役割として集団内部に対してメンバーの行動をコントロールし規制することと、集団外部からの介入に対して集団の利益になるよう集団を守ることの二点を挙げている。これらインフォーマル集団に関しては、第四章で詳細に取り扱うことにする。

第三節　人間関係論的主張とホーソン効果

一　人間関係論的主張の萌芽

ここでは、人間関係論を生み出す基盤となった人間関係論的効果について触れておきたい。端的に言うと、人間関係論的効果とは、レスリスバーガーらによって提示されたもので、人間は組織の中でも人間的社会的存在として扱われ、作業方法等で相談を受けたりすると、仕事にやりがいを感じ、休憩や照明等で作業条件が悪い場合でも、作業遂行に努めるというものであり、継電器組立作業テスト室の実験において見出されたとされている。

この継電器組立作業テスト室に関する統計的分析を行ったものとしてT・N・ホワイトヘッドがいる。ホワイトヘッドは、当時ハーバード大学経営大学院助教授であったが、メイヨーの二度目のホーソン工場訪問の際に同行し、ホーソン・リサーチに参画したものである。

かれは、継電器組立作業テスト室の結果を分析し、作業時間の変更、継電器の形の変更、休日や休暇の効果、休憩時間と軽食の支給などの物的情況の変化が生産高に影響しないことに気づいた。そこで、まずはじめに、生産行動に影響を与えているものがなにかを解明するべく工員間の社会的な結びつき（social relationships）に注目し研究を進めた。その結果、生産行動に影響を与えているものは、精神的態度が変わったからであるとし、その精神的態度の変化は、多くの場合労働者たちの人間的結びつき（human relationships）に関連するとした[31]。

次に、経済的誘因と生産性に関して、集団出来高制が採用されている五名の工員を対象にその分析を進めている。五名の工員は、それぞれ生活の状態、家庭での位置づけ、賃金を生活費として渡さなければならない、といった個人的な事情が異なる。それゆえ、出来高制の誘因の程度が同じではなかった。そのような状態において、工員の生産行動の変化は、ある程度までは経済的誘因によって生産高の上昇はみられたのであるが、上がりつづけるものではなかった。加えて、金銭的誘因が高いと考えられる大恐慌の際も生産高の上昇は起こらなかった[32]。

結論として、かれは経済的誘因に関しての意義を否定しているわけではない。経済的誘因は必要ではあるが、生産行動の全てを規定するには充分ではないと捉え、他の工員との競争関係といった個々人の人間相互の関係に基づく社会的情況の重要性を説いたのである。即ち、集団全体にその考察の目を向け、社会的に感情が作り出されることを提示したのである。

また、このような観点から、かれは、職場内部の直接の人間関係に着目し、それまでの経済人とは異なった新たな人間観としての「社会人」を提示するに至る。社会人とは、安定した集団の中に存在する人間相互の活動の中で地位を確保することでもって満足を求めるとするものである。

つまり、人間は仕事の関係を通じて社会集団を形成し、その中での地位を確保することで欲求を満たすのであり、そこには人間相互の関係がありそれが感情を形成する。その人間関係から形成される感情を満足させることで社会的な連帯が強まり、統合された生産行動へと人間を導くと考える人間関係論的効果の根本部分がここで提示されることになる。ここにホワイトヘッドの貢献の意義がある。

二　ホーソン効果

ホーソン・リサーチ、なかでも継電器組立作業テスト室が注目されてきたのは、何よりも、人間関係論的効果、即ちホーソン効果（the Hawthorne effect）を提示したことにある。しかし、ホーソン効果という言葉は、フレンチ（J. R. P. French Jr.）の一九五〇年の論文で初めて使われ、一九五三年の同じくフレンチの論文で有名になったとされている。(33)

この論文の中でフレンチは、フィールド実験調査において人工的社会現象、即ち人工性（artificiality）を作り出すことが困難と言われるなかで、例外的に人工性を作り出した典型例としてホーソン・リサーチを取り上げ、ホーソン・リサーチでは、実験メンバーが特別な社会的な位置（position）や取扱い（treatment）を受けたことに関連するものとして作業量の増加が起こったとし、これをホーソン効果という言葉で説明している。(34)

ただし、フレンチがこの論文で社会的人工性の典型的な例として取り上げているのは継電器組立作業テスト室のみで、フレンチは、継電器組立作業テスト室実施の際にとられた実験メンバーに対するさまざまな措置や作業条件の変化を、実験諸条件の〝人工的な〟社会的側面ととらえ、それが生産性の向上につながったと説明している[35]。このようにレスリスバーガーらが規定する人間関係論的な効果は、フレンチによってホーソン効果と命名された。

このホーソン効果について、本格的な統計的分析を行い、その実体の解明しようとしたものにフランケ（R. H. Franke）／カウル（J. D. kaul）がいる。フランケ／カウルは、継電器組立作業テスト室について、その実験でおこった作業変化について、その量と質の双方について分析を行っている[36]。

フランケ／カウルは、継電器組立作業テスト室の一期から二三期の約五年間に実験メンバー一人あたりの平均の作業量が約四四％（約五〇個から約七二個）へと増加しており、これを実験メンバーが特別な社会的な位置や取扱いを受けたことに関連するものとして説明している部分、即ちホーソン効果として説明されている部分に関して注目し、これを統計的に分析した結果、ホーソン効果と言われている作業量増加は、レスリスバーガーらが説明してきたような人間的要因や社会的要因や友好的管理などの要因などではなく、そのほとんどの部分が実験メンバーに対する管理的規律措置（寄与率五六％）、休憩時間設定等による作業時間の変更（寄与率三二％）、大恐慌（寄与率八％）によって説明されると結論づけた。

これは、レスリスバーガーらの主張の核心、即ちホーソン効果を否定するものであって、その意義・重みは実に大きなものがあった。これを契機にこれに反論する試みや、ホーソン効果について改めて規定する試みなどが現れ、論争となった。

三　ホーソン効果の四つの見解

レスリスバーガーらは人間が注目を受けたり、人間的社会的存在として扱われることによって生み出された人間関係論的効果を中心に据え議論を進めたのであるが、それを受けた議論では、ホーソン効果についての見解はその他にも大きく分けると三つの見解が存在する。

第一に、フランケ／カウルらに代表される、ホーソン効果を管理的規律措置、作業時間変更、大恐慌などの要因によって生まれたと主張するものである。かれらの説明によれば、人間関係論的主張・理論は、論証や実証が欠けているにもかかわらず、多くの人たちに受け容れられてきており、それは、その当時の経済体制に同調的ではあるが、人々の働く意欲は複雑な社会的関係により決まるという人間志向的なアプローチが必要であると考える人たちによって推進されてきたためだとしている。つまり、フランケ／カウルは、ホーソン・リサーチでは人間志向的なアプローチが実証されていないということを主張しているのであり、そのようなアプローチに志向するならば、論証や実証がなされるべきであり、その点での有効性が欠けているとしており、かれらの統計的分析によれば、それは管理的規律措置、作業時間変更、大恐慌などの要因によって生み出されたものだと結論づけている。[37]

今ひとつの論点は、ユタ州立大学のピッチャー（B. L. Pitcher）に代表される、実験経過のなかで進んだ学習による作業習熟効果（learning effect）によるものと主張するものである。ピッチャー以前にハーバード大学のシュライファー（R. Schlaifer）がフランケ／カウルの統計的分析について、時間の要因をまったくといっていいほど無視していると主張した[38]のであるが、これをただ単なる時間の経過と捉えるのではなく、さらに積極的に作業習熟効果であると主張するものである[39]。

つまりピッチャーは、継電器組立作業テスト室では質的要因が重要であるという見解に立って議論は進んだが、そこでは統計的分析がなされるべきであり、それは可能であったと批判し、統計的分析を試みたフランケ／カウルに対しても、作業量増加の分析の際に、長期的効果によってそれがもたらされたとする視点が欠けている、と批判した。

ピッチャーは短期的な効果をすべて否定しているわけではない。ホーソン・リサーチでは、短期間での作業量増加がおこったものとして、例えば第二継電器作業集団での実験メンバー五名だけの集団出来高給制の実施や、雲母剥ぎ作業テスト室での休憩の導入などに基づく作業量増加などがあるが、これらは継電器組立作業テスト室のような長期的なものと同様に考えることはできないとしている。

つまりピッチャーは、継電器組立作業テスト室における作業量増加は、その多くの部分が作業習熟効果によるものとして説明されるが、それ以外の残りの部分に関しては作業習熟効果以外の賃金制度の変更や休憩の導入といった短期的な要因によってもたらされたものと捉えており、そしてそうした短期的な要因は、あくまでも個別的短期的な非趨勢的（detrended）な要因として、長期的要因とは分けて考えるべきだと主張している。そしてこうした要因を、①意図的に操作されたもの（休憩の設定、一日もしくは一週あたりの作業時間等）、②慎重に考えて実施されたとは思えないもの（小規模集団出来高給制、参加的管理方法、メンバーの交代等）、③実験期間中に生起した事柄（基礎的な集団形成、大恐慌等）に分け、主たる要因についてそれぞれの影響度の計算を行っている。

即ち、ピッチャーは、賃金などの要因を排除するのではなく、それらを個別的短期的な非趨勢的要因として位置づけ、さらにそれらのものについての質的な検討・評価の必要性を説いたのであるが、これらの短期的要因は、質的に検討することで、例えば継電器組立作業テスト室の場合には、補強的要素の改善と、作業結果情報の関係従業員たちへのフィードバックの充実の二つの要因に整理され、この二つの要因によって作業習熟行為が進むことにつながると主張している。

最後の論点は、ホーソン効果を偽薬効果として否定するか、もしくはそのようなものとして特徴づけているものである。偽薬効果とは、実際にはまったく効果のない薬でも、効果があると信じて服用すると何らかの改善がみられることをいうもので、一九五〇年代中頃から医学界・心理学界を中心に広く知られるようになったものである。カリフォルニア大学のソマー（R. Sommer）によれば、一九六〇年代のアメリカの心理学界ではホーソン効果をこのような偽薬効果とみる見解がかなり行き渡っていたとしている。[40] ちなみに、先述のピッチャーの論文にも「偽薬効果すなわちホーソン効果」(the placebo/Hawthorne effect) とする見解があるとの記述がある。[41]

ソマー自身はこのようなホーソン効果＝偽薬効果という見解に立つのではなく、こうしたその当時の心理学の分野で広く知れ渡っていた見解に対して反論を行っている。ホーソン効果を偽薬効果とみるその当時の一般的な見解は、実験室のなかで行われる単一要因実験（single variable laboratory research）の考え方から生まれてきたもので、そういった考え方ではホーソン効果は避けられるべき実験者エラー（experimenter error）と捉えられているが、フィールド研究ではその考え方は当てはまらないとしている。つまり、人間行動を引き起こす人間の心理はそもそも単一の要因だけで決まるのではなく、さまざまな要因に影響されて作り出される全体的状況のなかで生み出されるものであるという主張でもってホーソン効果＝偽薬効果という見解を批判している。

ここまでみてきた通り、ホーソン効果といわれるものには少なくとも次の四種の考え方がある。

① レスリスバーガーらのいうように人間が注目を受けたり、人間的・社会的存在として扱われることにより生み出された人間関係論的効果とするもの。

② フランケらのいうように管理的規律措置、作業時間変更、大恐慌といった量的把握可能な要因により生まれた効果とするもの。

③ ピッチャーらのいうように時間的経過のなかで進んだ学習・習熟効果とするもの。

④ 偽薬効果とするもの。

これをみると、このように継電器組立作業テスト室の実験という一つの事実について、解釈・見解が分かれているものがあることに何よりも驚かされる。こういった批判的・否定的な見解の存在は、継電器組立作業テスト室の実験、およびそれに基づく人間関係論的な効果の意義を貶めるものではなく、むしろその逆で、ホーソン・リサーチおよびホーソン効果を契機に経営学・社会学・心理学といった分野でその議論が進展・発展してゆくのである。その意味でも、少なくともいわゆるホーソン効果にはこのようにいくつかの異なった解釈があることは、銘記される必要がある。

第四節　ホーソン・リサーチの現代的意義

ホーソン・リサーチに関して、なかでもその中心をなす継電器組立作業テスト室のいわば公的な報告書であるレスリスバーガー／ディクソンの一九三九年の著の刊行以来、アメリカでは賛同論と批判論が種々展開されてきた。それらの議論は、調査・実験の結果とその解釈・理論構成との関連に焦点があてられたもので、数多くの論者によって、その関連には論理的妥当性のないことが指摘されている。しかし、そのような論理的な問題点があるのであれば、なぜメイヨーやレスリスバーガーらの人間関係論的主張や理論は、非常に多くの人に受け容れられることになったのであろうか。

これは結局のところ、メイヨー、レスリスバーガーらの主張がその時代の要請に合致していたためであると考えられているのであるが、もしそうならば、その人間関係論的主張・理論を必要としていた時代の要請というものがどのようなものであったのかということ、即ちその当時の社会体制に関連して、人間関係論的主張・理論の役割を解明する必要があろう。

この観点から人間関係論的主張・理論を論じたものとして、心理学者ブラメル（D. Bramel）／フレンド（R. Friend）の一九八一年の論考が挙げられる[42]。本節では、ブラメル／フレンドの主張を管見し、当時のアメリカでホーソン・リサーチ、そして人間関係論的主張・理論をめぐって行われた論議・論戦の根底の部分を明らかにし、そのホーソン・リサーチの本質への接近を試みるものである。

一　ブラメル／フレンドによる問題の提起と経営者論としての位置づけ

ブラメル／フレンドは、ホーソン・リサーチでは調査・実験の結果とその解釈・理論構成との関連には論理的妥当性のないことが指摘され、数多くの批判がなされているにも関わらず、なぜメイヨーやレスリスバーガーらの人間関係論的主張や理論が、非常に多くの人に受け容れられることになったのであろうか、ということを出発点とし、その議論を進めている。

そもそもブラメル／フレンドは、人間関係論的な理論や方策をイデオロギー的に外在的に批判したり、そもそもそれが無効であるということを主張しているわけではない。ホーソン・リサーチやメイヨーらの主張が非現実的で政治的に反動的なものであることを指摘したうえで、メイヨーらの主張がホーソン・リサーチ結果の公表データ等と乖離した主張となっている(43)ことを明らかにし、心理学者の多くがあまりにも無批判的にそれに従っていることを指摘するところに主眼を置いている。

それゆえ、その論述の内容は、現代心理学には階級的偏向（class bias）があるという見地にたってはいるが、ホーソン・リサーチに際しても、メイヨーらの著作においても、労働者の抵抗を抑止し排除したりして労働者たちを従順なものとして経営側に取り入れようとすること、あるいはそれをすることができる理論・方策・用具を展開するものであることを指摘しているものとなっている。

この論述においてブラメル／フレンドは、マルクス主義の精神に立脚して議論を進めることを明記し、現在社会が資本主義体制である限り搾取体制であるために、労働者たちの抵抗・反抗は必然的におこるものとし、継電器組立作業テスト室での共産党メンバーの交代、同じく継電器組立作業テスト室での一二期におきた作業量制限行為、雲母剥ぎ作業テスト室でのメンバー選定に苦労していることなどをその例としてあげている。人間関係論的主張や理論は、こういった問題に対処するためのものであって、反労働者階級的な思想や方策という性格のものであると指摘している。[44]

それゆえそれは、経営者・管理者にとって望ましいものとなるべく、労働者・労働者階級が感情で動くところの、理性のない（irrational）、乱雑な（confused）、抵抗することのない（nonresisting）、二流の者たち（second class citizens）であるという神話（myth）が形成され、広く受け容れられたと主張するにいたるのである。[45]

こういった観点から、ブラメル／フレンドは、人間関係論的主張や理論を、現在の資本主義体制の下で社会の支配的階層となっている専門経営者層（professional-managerial class）が、より合理化された資本主義体制である現在の社会体制を維持・発展させるために、労働者あるいは労働者階級を心理的・社会的な手段・方策で支配しているものと考えられる、と結論づけている。

ブラメル／フレンドの論考は、かれらがマルクス主義に立脚すると主張したがために、マルクス主義という言葉が前面に出てしまい、それに対するかなり厳しい、感情的な批判がおこった。それは、東西の冷戦構造が再度緊張していた最中のアメリカの社会事情としてはやむをえないところがあり、そのようななかでのブラメル／フレンドの主張は讃えられるべきものであるかもしれない。

一九七〇年代の多くの先進諸国では、独占資本主義という体制下で、労働者の職務不安やストライキ、サボタージュなどが頻発し社会問題となっていたことを背景に、マルクス主義に立脚したものを中心に、反体制的な理論・イデオロギー・運動が高揚していた。ブラメル／フレンドの主張はこうした動きの一環という意味をもっていたのであろう。

ブラメル／フレンドに対する批判的な論考には、例えば、ニューヨーク州立大学のトッチ（H. Toch）やウェイン州立大学のスタグナー（R. Stagner）などが挙げられるが、これらの批判論者たちが最も受け容れがたいとしているのは、結局のところ、ブラメル／フレンドがマルクス主義理論の見地からホーソン・リサーチを解明しようとしたところであった。この点は、例えばトッチは、ブラメル／フレンドがマルクス主義の理論、とりわけ労使階級対立の考えが根本にあることが問題であるとして議論を進めており、(46) スタグナーは、人間関係論をマルクス主義の枠組みで議論することが問題であるとして議論を始めている、(47) としているところにあらわれている。

しかし、ブラメル／フレンドの論考は、確かにマルクス主義の精神に立脚し、それに固有な言葉や用語を使用して書かれてはいるが、マルクス主義理論の概念や理論的枠組みを駆使して事象の分析を行っているものではない。それゆえ、かれらがマルクス主義を名乗ったために、かれらの積極的主張である、経営者体制を維持し発展させるところに人間関係論の意義があるとした点などが充分論議されず展開されずに終わったことは、ホーソン・リサーチの研究としては惜しまれることである。

現代社会・企業における経営者の役割の重要性、経営者論の提起は、メイヨーによってもかなり強くなされている。かれの経営者論は生産現場・企業現場の経営者支配論といっていいものであり、人間関係論と経営者論との関連で論じたものは、少なくとも、一九五七年のカリフォルニア大学・ベンディクス（R. Bendix）の所論にまで遡る[48]。

ベンディクスは、近代産業社会が確立するとそれまでの企業者イデオロギーとは異なる経営者イデオロギーが訴求されるとしているが、人間関係論を経営者社会における典型的な経営者イデオロギーであると規定し、その社会的意義は、人間関係論が一般労働者を人間として扱うことによって企業者・経営者と同列の人間同士の者と偽装し、もって多くのアメリカ労働者がもつところの、企業者・経営者に出世して成功者になりたいとする思いを断念させるところにあると論じている。

そしてこの点を、翌一九五八年ランズバーガー（H. A. Landsberger）は、レスリスバーガー／ディクソンの書にはマルクスと類似の「下層中間層のプロレタリア化」と類似の観点が盛られているとして、「階級の団結を促進する力と、それの分化を促進する力の両者が鋭敏に描写すること[49]」がなされているとし、そのうえにたって人間関係論的理論を経営者イデオロギーの一環と位置づけている。しかし、ベンディクスもランズバーガーも、それ以上の展開を試みてはいない。

経営者論は、企業の所有層と経営最上層における企業所有構造の変化、資本家的経営から経営者的経営への転化に主眼をおき議論がなされているため、企業の日常的な管理・運営の仕方における変化については、あまり触れられることはなかった。そのため、資本家的経営から経営者的経営への転化により、日常的な経営・管理では実際にどのような変化が生まれるか（あるいは生まれるべきか）は、少なくとも内実的体系的には充分論議されないままであったと考えられる。

この意味で、ベンディクスやランズバーガーが指摘した点、即ち人間関係論と経営者論の関連で議論をさらに進展させる必要があるのではなかろうか。経営者的経営の企業経営が具体的な経営・管理の実践においてどのようなものであるかということは、簡単に結論がでるようなものではないが、歴史的経過でみると、ホーソン・リサーチに始まる人間関係論的主張・理論は、その一つの大きな構成要素をなしてきたと考えられるのである。

二 ホーソン・リサーチの意義

ホーソン・リサーチに関する分析・究明を行ったものとして注目されるものに、一九九一年にギレスピー（R. Gillespie）が発表した書[50]がある。これは、ホーソン・リサーチそのものだけではなく、メイヨーらの所説等も含めて、残されている資料に基づいて、いわばその真相・実態を内在的に徹底的に解明したものである。現在におけるホーソン・リサーチ・人間関係論に関する論議は、このギレスピーの書を基本としてその議論が進展していると言ってよいであろう。

ギレスピーによると、社会科学における理論は、見出されるものではなく作り出されるもの（manufactured）ととらえられている。つまり、その理論が前提にする社会的・制度的・イデオロギー的状況のもとで作り出されると考えており、それが作り出されるところに本質的な特色があり、それを作り出す行為・プロセスが人間による社会的活動であるとしている。[51]

つまり、社会科学的事実を明らかにする際には、その事実が背景にしている社会的・制度的・イデオロギー的状況を特定することが必要で、それに基づいてそれを作り出す人間による社会的活動が出てくるものとする。それゆえ、社会科学的事実であるホーソン・リサーチも、それがいかに「客観的心理」として理論化されたのかというプロセスを精査することが必要とされると考えたのである。

そしてこれをホーソン・リサーチに立脚した人間関係論に適応すると、それをもたらした要因は、一つにその当時の社会全般的な背景、つまり一九二〇年代産業の組織化に照応して社会科学者が実践界に出て、そういった動きが進展していったことであり、(52)もう一つにメイヨーがホーソン・リサーチに参画し、それを機にホーソン・リサーチの産学協同色が強まったことをあげている。

先述のとおり、ホーソン・リサーチの継電器組立作業テスト室は、メイヨーの参画以前は、ウェスタン・エレクトリック会社関係者のみで計画され実行されていた。メイヨー参画後も、メイヨーは継電器組立作業テスト室に直接的に関与していたというほどのものではなく、実験そのものはウェスタン・エレクトリック会社関係者で実行されていた。しかし、ここで重要なのは、メイヨーとウェスタン・エレクトリック会社関係者には問題意識の違いがあったことである。

メイヨーの立場では、かれの社会学的心理学的な観点からいえば、人間関係論的措置を講じたところにあったのであるが、それはウェスタン・エレクトリック会社関係者が考えていたこの実験の必然的結果というものではなかった。しかしながら、メイヨーの影響力が強まるにつれて、ホーソン・リサーチは、社会学的心理学的な方向へその重点を移していくことになり、それは、かれの積極的な指導の下で行われた面接計画ではっきりとあらわれるのである。(53)

メイヨーは、人間の行動を論理的なもの（logical）、非論理的なもの（non-logical）、非合理的なもの（irrational）に分けているが、社会的な場でその中心にあるのは、非論理的な行為である。非論理的な行為は、人間の社会的活動、即ち社会という場における人間同士の相互関連的状況のもとで作り出されたものであり、それが社会規範の根本をなし、社会における秩序と規律の根本をなすものと考える。集団的な仕事の場はこうした存在として、即ち社会的存在として規定されるのである。

以上をまとめて、ギレスピーは、メイヨーの社会心理学的主張が先行し、それにホーソン・リサーチの諸結果が組み込まれて、実際的根拠を持つとされているものと説明し、そのためにホーソン・リサーチ結果の解釈的構成（interpretative constructs）が行われ、そしてそれがその後のホーソン・リサーチ関係者の著述に影響し、それらの読者たちに影響を及ぼしたと主張している。

それゆえ、ホーソン・リサーチについてのかれの見解は、虚偽の誤った神話的なものであり、労働者の抵抗をなくすためのメッセージたるもの（the message of disarming description of error and false assumption）であるが、しかしそうした人間関係論的理論は、それが実験で実証されたもの（experimental evidence）とされ、しかもその客観的真理性は権威ある大学教授たちの認定（confessions）によって保証されているものとされるのである。(54)

以上のようなホーソン・リサーチの解釈・理解・理論化、人間関係論的理論のとらえ方にたって、ギレスピーは結論的に、次の点が特徴的な点であるとしている。(55)

第一は、継電器組立作業テスト室における非従順な二名の実験メンバーの排除・交代に象徴的に示されている、権力関係（relationship of power）がまったく明らかになっていない点である。第二は、ホーソン効果を実証したとされる継電器組立作業テスト室が、僅か五名（延べ七名）の実験メンバーを対象としたものであるのに、メイヨーはじめ権威あるハーバード大学教授らの手によって、労働者一般に妥当するものとして定立され、一般的にも広く受け入れられるものとなったという点である。第三は、人間関係論は一般に労働者の自主性を尊重するものとされているが、例えばバンク配線作業観察室のように単に観察されただけのものの場合には、組織的怠業を行うものという側面が強調されており、メイヨーらの叙述では必ずしもそうとはなっていない点である。第四は、メイヨーが、経営者革命論に類似の、経営者の企業現場支配論を確固たる信念としていたことによって、人間関係論が経営者論の一翼を担ったという点である。

またギレスピーは、ホーソン・リサーチ以後の人間関係等の人間的社会的要因への対応強化にも言及し、これらはメイヨーらの人間関係論と比べて心理学的要因への志向が低いことが特徴であるとしている。そして、結局は経営側への服従と生産成果向上に志向することで、経営側の権威強化に資することになる。これが人間関係論的理論の本質的意義ではなかろうか。

これまで、ホーソン・リサーチそのもの、およびその後の論議の状況を考察してきた。ホーソン・リサーチそのものの分析・究明は、ギレスピーの研究で一つの到達点に達したように思われる。

しかし、ホーソン・リサーチが投げかけている集団化したところの人間のありようを考察する際には、このギレスピーの議論をさらに発展させる必要があると考えられる。ギレスピーは先述したとおり、そもそもホーソン効果それ自体にたいして懐疑的である。言うまでもなく、ホーソン・リサーチのなかでも中心であるのは継電器組立作業テスト室で、それについては実に多くの研究・論議が進行しており、その成果であるホーソン効果についても、いまだにそのとらえ方は定まっていない。まずはこの点をさらに進展させる必要があろう。

ホーソン効果のとらえ方に関しては、ホーソン・リサーチの成果を総括的にみると、四つの類型が認められる。まず、レスリスバーガーらがいうホーソン効果、即ち人間関係論的効果としてのホーソン効果を認めるかどうかで、認めるものと認めないものとに大別され、認めるものはさらに二つに分けられる。その第一は、ホーソン・リサーチの成果は、実験後多くの分野に適用されたり、あるいは新しい分野を作り出して、現代理論として多様な発展・展開を遂げているが、それらのいわば派生的な多くの分野に共通する一つの拡大されたホーソン効果というべきものが存在するというものである。第二は、ホーソン・リサーチから派生した多くの考え方は、分立の度合いが強く、共通的なものはもはや何もないと主張するものである。しかし、この考え方では、独自のものとして存続する人間関係論理論がどのようなものかが必ずしも明確ではない。

人間関係論的効果としてのホーソン効果を認めないものは、批判論に多くみられるが、これも二つに分かれる。第一は、ホーソン効果的なものは確かに認められるが、それは、人間関係論的要因によって生まれたものではなく、管理的規律措置により生じたとするものである。第二は、より強い批判論にみられるもので、ホーソン効果は実証されていないとして、否定的見解をとるものである。ギレスピーのように、ホーソン効果にたいして懐疑的な考え方もここに含まれるであろう。

また、先述のとおり、ホーソン・リサーチに始まる人間関係論的主張・理論は、経営者的経営の企業経営が具体的な経営・管理の実践においてどのようなものであるかということのその一つの大きな構成要素をなしてきた。この点に関してもさらに議論を進める必要があろう。

少なくとも、ホーソン・リサーチおよびそれに端を発する人間関係論を再考することは、現在こそ取り組まれるべき課題である。それはいうまでもなく、ホーソン・リサーチが問いかけた集団化したところの人間のありようがまさに現代の問題であるからである。ホーソン・リサーチの実態がどのようなもので、それに対してどのような批判があるにせよ、人間と集団の関係がなくなることはない。この起点となり、現代までその論議が絶えず続いていることこそが、ホーソン・リサーチが現代的に意義があることの証左であろう。

（竹林　浩志）

注

（1）Roethlisberger, F. J. and W. J. Dickson, *Management and the Worker*, New York: John Wiley & Sons, 1964. (Cambridge (MA): Harvard University Press, 1939), pp. 14–17. Gillespie, H., *Manufacturing Knowledge: A History of the Hawthorne Experiments*, Cambridge: Cambridge University Press, 1991, pp. 38–39.

（2）*Ibid*., p. 46.

（3）Roethlisberger and Dickson, *op. cit*., p. 15.

（4）Carey, A., "The Hawthorne Studies: A Radical Criticism," *American Sociological Review*, 1967, Vol. 32, No. 3, p.

404.

(5) Roethlisberger, F. J., *Management and Morale*, Cambridge (MA): Harvard University Press, 1941, p. 15.（野田一夫・川村欣也訳『経営と勤労意欲』ダイヤモンド社、一九五四年。）

(6) Franke, R. H., "The Hawthorne Experiments: Re-view," *American Sociological Review*, 1979, Vol. 44, No. 4, p. 862.

(7) Roethlisberger and Dickson, *op. cit.*, pp. 158, 576–577.

(8) *Ibid.*, p. 140.

(9) Bramel and Friend, "Hawthorne, the Myth of the Docile Worker, and Class Bias in Psychology," *American Psychologist*, 1981, Vol. 36, No. 8, p. 872.

(10) Roethlisberger and Dickson, 1964, *op. cit.*, p. 159.

(11) *Ibid.*, p. 156

(12) *Ibid.*, p. 160.

(13) Roethlisberger and Dickson, 1964, *op. cit.*, p. 181, 344.

(14) *Ibid.*, p. 199.

(15) Gillespie, *op. cit.*, p. 134.

(16) Roethlisberger and Dickson, 1964, *op. cit.*, pp. 232–235.

(17) *Ibid.*, p. 258.

(18) Gillespie, *op. cit.*, p. 135.

(19) Roethlisberger and Dickson, 1964, *op. cit.*, p. 269.

(20) *Ibid*. p. 286.

(21) *Ibid*. p. 270.

(22) *Ibid*. pp. 358–359.

(23) *Ibid.*, p. 374.

(24) *Ibid*. p. 380.
(25) *Ibid*., pp. 387–392.
(26) *Ibid*., pp. 499–515.
(27) *Ibid*., p. 505.
(28) *Ibid*., p. 446.
(29) *Ibid*., p. 508.
(30) *Ibid*., pp. 417–423.
(31) Whitehead, T. N., "The Scientific Study of the Industrial Worker," *Harvard Business Review*, July, 1934, pp. 468–469. 吉原正彦『経営学の新紀元を拓いた思想家たち』文眞堂、二〇〇六年、二五〇―二五四頁。
(32) *Ibid*., p. 470. 同上書、二五四―二五六頁。
(33) French, J. R. P., Jr., "Field Experiments: Changing Group Productivity," in: Miller, J. G. (ed.), *Experiments in Social Process: A Symposium on Social Psychology*, New York: McGraw-Hill, 1950, pp. 79–96. French, J. R. P., Jr., "Experiments in Field Setting," in: Festinger, L. and D. Katz, (eds.), *Research Methods in the Behavioral Sciences*, New York: The Dryden Press, 1953, pp. 98–135.
(34) French, *ibid*, 1953, p. 101.
(35) *Ibid*., p. 101.
(36) Franke, R. H. and J. D. Kaul, "The Hawthorne Experiments: First Statistical Interpretation," *American Sociological Review*, 1978, Vol. 43, No. 5, pp. 623–643.
(37) *Ibid*.
(38) Shlaifer, R., "The Relay Assembly Test Room: an Alternative Statistical Interpretation," *American Sociological Review*, 1980, Vol. 45, No. 6, pp. 995–1005.
(39) Pitcher, B. L., "The Hawthorne Experiments: Statistical Evidence for a Learning Hypothesis," *Social Forces*, 1981, Vol. 60, No. 1, pp. 133–149.

(40) Sommer, R., "Hawthorne Dogma," *Psychological Bulletin*, 1968, Vol. 70, No. 6, pp. 592–595.

(41) Pitcher, *op. cit.*, p. 134.

(42) Bramel, D. and R. Friend, "Hawthorne, the Myth of the Docile Worker, and Class Bias in Psychology," *American Psychologist*, 1981, Vol. 36, No. 8, pp. 867–878.

(43) Friend, R. and D. Bramel, "More Harvard Humbug," *American Psychologist*, 1982, Vol. 37, No. 12, p. 1400. ブラメル／フレンドは、継電器組立作業テスト室において交代のあった二名のメンバーに関して、交代後の二名をあたかも本来のメンバーのごとく意図的に偽装していると評している。

(44) Bramel and Friend, *op. cit.*, 1981, Vol. 36, No. 8, pp. 871–872.

(45) *Ibid.*, p. 876.

(46) Toch, H., "Sed Qui Dicit, Non Qui Negat?" *American Psychologist*, 1982, Vol. 37, No. 7, p. 855.

(47) Stagner, R., "The Importance of Historical Context," *American Psychologist*, 1982, Vol. 37, No. 7, p. 856.

(48) Bendix, R., in: Arensberg, C. M., et al. (eds.), *Research in Industrial Human Relations*, Harper & Brothers, 1957.（谷川巌訳『現代人間関係論の争点』日刊労働通信社、一九六三年。）

(49) Landsberger, H. A., *Hawthorne Revisited: Management and the Worker, its Critics, and Developments in Human Relations in Industry*, in: Wren/Sasaki (eds.), *Human Rerations*, Vol. 7, 2004, p. 104. (Ithaca: Cornell University, 1958)

(50) Gillespie, *op. cit.*, 1991.

(51) *Ibid.*, pp. 4, 264.

(52) *Ibid.*, p. 5.

(53) *Ibid.*, p. 189.

(54) *Ibid.*, p. 3.

(55) Gillespie, *op. cit.*, pp. 264ff.

第三章　メイヨー
——人間関係論の思想的基盤——

本章は、「人間関係論の父」と称される哲学者にして心理学者でもあるメイヨーを取り上げ、その生涯を辿り、彼の経営思想の源流を探ることで、彼の思想を明らかにするとともに、改めてその現代的意義を問うことを目的としている。「エルトン・メイヨー」と言えば、直ちに「ホーソン・リサーチ」や「人間関係論」が思い起こされるが、それは、彼の六八年の人生のうち後半生の二〇年間くらいのことである。まず、そこへと到る過程に注意しながら、彼の生涯を辿ることから始める。メイヨーの生涯は、あまり知られていないので、少し多めに紙幅を割いている。

第一節　エルトン・メイヨーの生涯(1)

一　「医学への道」の挫折と冒険の日々、そして心理学との出会い

メイヨーは、一八八〇年一二月二六日に、オーストラリアのアデレードで生まれた。エルトンの祖父ジョージは、イギリスで開業医として成功していたが、船医となり一八三九年にオーストラリアに移住してきた。エルトンの父ギッブスは、炭鉱の試掘を行ったり、一八六六年にはオーストラリア北部地帯を踏査したマッキンレー探検隊に参加する。その後グラスゴー大学でトンプソン—物理学者として有名なケルビン卿—の下で工学を学び、技士の資格を得た。ギッブスは、一八七三年にアデレードに戻り鉄道技師として働いたが、後に不動産業を営む。一八七七年に結婚した父ジョージと母ヘンリエッタは、七人の子をもうけており、エルトンは第二子にして最初の男子であった。長女ヘレンと四男ジョン・クリスチャンは医学の道に進み、それぞれ小児科医と放射線科医になった。

メイヨーの父方の家系は医師の家系であり、エルトンもまた医師になることを期待された。エルトンの学校での成績は素晴らしかったが、一四歳の頃から徐々に落ち着きを欠き始める。彼はアデレード大学医学部に進学するも、当時の医学教育の詰め込み式に嫌気が差し、学業に対する興味を失いはじめ、一九〇〇年の期末試験に不合格となる。両親は彼の落第にとても落胆したが、彼に新しい環境を与えようと考え、エディンバラ大学に送った。一九〇一年九月にエディンバラ大学への入学が認められたが、結局、一九〇三年に医学の勉強を止めてしまった。エルトン二三歳の時である。

その後しばらく、彼は西アフリカ・オブアッシにあるアシャンティ鉱業会社で働いたり、ロンドンでジャーナリズムをかじったり、勤労者大学で英文法の講師を無給で担当したりと、冒険の日々を続けた。しかし熱帯医学の研究を目指してインドに渡る前に産科学を研究するためにダブリンに居た姉へレンに冒険の日々をたしなめられ、エルトンは、一九〇五年一月一九日、帰国の途についた。

オーストラリアに帰国したエルトンは、両親の紹介でアデレードにある印刷会社シャーリングトン会社の共同経営者となる。共同経営者はヤコブズ（G. W. Jacobs）であり、エルトン二五歳であった。共同経営者としての地位は、一九一〇年九月まで続いた。彼の帰国を家族は喜んだが、彼自身は「みんなが軽蔑の指を指すか私を無視している」と感じていたようで、医学での数度の失敗や祖父や姉の職業よりも社会的地位の低い実業界に入ったという思いに囚われていた。

そんな中帰国後まもなく、幸運にも彼はアデレード大学のミッチェル卿（Sir W. Mitchell）に出会う。さまざまな土地を旅行し、いろいろな人々と交流した彼は、心理学に興味を持つようになっていた。ミッチェル卿は当時、アデレード大学の哲学教授であったが、一九〇七年に、メイヨーはミッチェルと実業生活の不満について話し合う。彼がメイヨーの疑問に答えることができたので、メイヨーは彼のもとで哲学を学ぶ決心をし、アデレード大学に再入学した。「メイヨーの疑問」が何かは明らかではないが、ザレズニック（A. Zaleznik）は「メイヨーは彼自身の内的経験から、罪の自覚や強迫観念的思考について学んだであろう」と推測している。[2] メイヨーは、医学での失敗や彼を取り巻く状況に関する自己評価の内的経験を、心理学を介して理解するきっかけを得たのかもしれない。

同年、ミッチェルは『精神の構造と成長』を出版したが、これはメイヨーの知的成長に重要な役割を果たした。メイヨーはミッチェルの指導の下、経済学、論理学、倫理学、哲学、そして心理学を学ぶ。彼がそれまでに学んだ医学的な知識が大いに助けとなり、心理学の成績は特に優秀だったようで、心理学では前大学副総長の名前に因んだ「ロビー・フレッチャー賞」を受けた。一九一〇年、メイヨーはミッチェルの指導の下に論文「社会進歩の基準」を完成し、一一月にミッチェルはこれを「デイヴィッド・ミュレイ・スカラーシップ」に推薦した。翌年四月、特別教授会において、メイヨーは哲学士の学位を授与された。

二　クィーンズランド大学時代

ちょうどその頃、一九〇九年に創立されたクィーンズランド大学が、論理学、心理学および倫理学の講師を募集していた。メイヨーはこれに応募し、一九一一年四月から文学部哲学科講師として採用され、精神・道徳哲学を担当した。メイヨー三一歳である。この時期、メイヨーの心理学研究に大きな影響を与えたのはジャネ（P. Janet）のヒステリーおよび強迫観念に関する業績であった。心理学の授業では、ミッチェル、ハックスレー、マクドーガルに加え、ジェイムズ、デューイ等を読んだが、一九一八年を過ぎる頃から非合理的・非論理的な人間行動を説明する新しい心理学である「精神分析」に関わるフロイトやユング等を教材にしていた。一九一三年にメイヨーは、ドロシー・マコンネルと結婚し、二人の娘を授かる。一九一四年には、オーストラリア・アボリジニの調査に来たマリノフスキー（B. K. Malinowski）と親しくなり、彼らは共通の関心事を議論し、人間行動はその人が関係する脈絡の中で最も良く理解できるという考えを共有した。同時期メイヨーは、オーストラリア西海岸地方の調査に来たラドクリフ－ブラウン（A. R. Radcliff-Brown）とも親交を結ぶ。

一九一九年にメイヨーは、大学に新設された哲学講座を担当する教授に任命された。この頃からメイヨーは、産業における単調労働の問題に目を向け始める。この年メイヨーは、『民主主義と自由』を刊行し(3)、産業文明における政治問題に「新しい心理学」の成果を取り込んだ。一九二〇年には、アトキンソン編『オーストラリア―その経済的、政治的研究―』の「第3章 オーストラリア人の政治意識」を担当した(4)。また第一次世界大戦後、大学での仕事の傍ら、マシューソン (T. R. H. Mathewson) 医師と協力して、砲弾恐怖症 (shell shock) の患者らに催眠術・暗示等の精神療法を試み、治療に従事した(5)。メイヨーは、精神療法をオーストラリアにおいて最初に行った人物だと言われている。この方法は顕著な治療効果を示したので、一九二〇年七月にはイギリス赤十字協会からクィーンズランド大学に対して、精神神経症等の研究を促進する医学研究講座のために一万ポンドの寄贈があった。メイヨーは、この砲弾恐怖症の精神療法を契機に、重大な研究領域を発見した。それは、正常な個人が「どうしたらよいかわからないような未知の環境」に適応しなければならない場合に抱え込む心理的問題は、何も戦場に限定されない、という認識である。近代産業においても、科学技術の進展や作業方法の変更等が個人の適応に関する同様の問題を引き起こし、これが今日の産業文明の社会的・道徳的病弊の多くのものの根源を成しているのではないか、と彼は考えた。

このようにメイヨーは、着実にオーストラリア社会でその学者的地位を認められつつあり、また労働者教育でも中心的な役割を果たしていたが、同時に不満も抱えていた。それはいくつもの要因があったが、講義をし、講演を行い、心理学の研究・執筆を進めつつ、神経症患者の診察・治療に当り、哲学科の行政業務にも関わらなければならないという、過重な負担等であった。しかし彼の不満は学内のものにつきなかった。メイヨーは精神療法の実践で認められつつあったが、彼自身の「医学への道の挫折」という内的経験から、しばしば医学関係者たちに認められたいという彼の欲求に歪みが生じ、医師からの彼の仕事への評価に対してその都度過剰反応を示した。またオーストラリアの大学においては、医学、工学、法学等のプロフェッショナル・スクールにはすぐに財政的援助が来るにもかかわらず、社会科学に対する評価が低いことにも、不満を募らせていた。

こうした中、一九二一年の父ジョージの死が影響してか、同年七月、大学に「研究休暇」を申請し、許可を得た。メイヨーは、不足する海外での研究経験の機会を得ようと、アメリカ経由でイギリスに行くことにし、一九二二年七月一二日、オーストラリアを後にした。メイヨー四二歳であった。

三　アメリカへ―ロックフェラー財団との関わり(6)―

サンフランシスコに着いたものの、当初の計画通りに事が進まず、メイヨーは苦労していた。しかしそこに、ひとつの幸運が舞い込む。妻ドロシーの叔母の紹介で、ケロッグ（V. Kellog）博士と昼食をともにする機会を得たのである。ケロッグは当時、ワシントンで全国学術協議会の委員であった。メイヨーは、ストライキの心理学的原因やストライキの抑制に調査研究がいかに役立つかについて意見を述べた。一九二二年九月二三日メイヨーは、ワシントンに来るようにとのケロッグからの手紙を受け取る。旅費は全国学術協議会が負担すること、ある「大きな財団」の代表がニューヨークでメイヨーに会うことを知らせるものであった。

「大きな財団」の代表とは、ローラ・スペルマン・ロックフェラー記念財団理事長ルムル博士（Dr. B. Ruml）とフォスディック（R. B. Fosdick）であった。ロックフェラー財団の事実上の指導者であるロックフェラーJr.（J. D. Rockefeller Jr.）は、彼が所有するコロラド燃料・製鉄会社での、会社と米国鉱山労働者組合の労働者との間の闘争で多数の死傷者を出した「ルドロウの虐殺事件」（一九一四年四月二〇日）以来、労使関係に積極的な関心を示していた。[7] それは、この事件をきっかけにロックフェラーがアメリカ労使関係委員会から激しい攻撃を受けたからである。ロックフェラーJr.は、労働組合との団体交渉を否認し労働組合を排除する代わりに、従業員代表制度の導入を推進していた。他方でロックフェラー財団は、社会科学を利用した労使関係の安定化にも関心を向けていた。心理学と教育学を修めたルムルは、社会科学に基盤をおいた調査の推進に熱心で、以前から精神医学と心理学を労使紛争解決に応用した理論を展開していたメイヨーが、資金提供に適すると考えた。

この間にもメイヨーは、一九二二年一二月に、クィーンズランド大学に一二カ月の「休暇延長願」を提出している。しかし却下され、翌一九二三年二月に大学を辞職した。この時期メイヨーは、立て続けに論文を発表する。[8] そこでの主張は、戦争や社会不安、労使紛争として表出する人間の非合理的衝動の原因は、個人が近代機械文明という環境に適応できていないことにあり、こうした問題を抱える個人に接近するには精神病理学の臨床心理学に学ぶべきだ、というものである。同年五月には、ローラ・スペルマン・ロックフェラー記念財団の援助を受け、三年間ペンシルヴェニア大学ウォートン・スクールの研究員として、自由に研究できる環境を得る[9]。この時期メイヨーは、フィラデルフィア近郊の紡績工場での労働者の妄想、生産高と労働移動の関係等の産業調査に従事し、成果を上げていった。その後メイヨーは、一九二三〜一九二六年にかけて、ロックフェラー財団の資金援助を受けながら研究発表や講演を行い、学会、医学界、そして産業界から注目されていった[10]。メイヨーは、産業界に入り込み、労働者の全体情況に迫るための機会を求めていた。しかしメイヨーは、ここではそれを望めないと感じており、ルムルはメイヨーのために他の研究機関を見つけようとしていた。

四　ハーバード大学経営大学院—ホーソン・リサーチに関わるまで—

そんなメイヨーに、産業界と広く接触する機会を持ちうるハーバード大学に移るチャンスがめぐってくる[11]。一九〇八年創設のハーバード大学経営大学院（以下、経営大学院）では、一九一九年以来ドナムが第二代ディーンを務めていた。ドナムは、「ビジネス」よりも「経営」に主眼を置き、経営者としての専門職業人養成に向けた経営教育の充実を目指していた。その中核のひとつが「ケース・メソッド」であった。求められるのは、「経営のケース」に盛り込まれる「事実」そのものであった。それは、経営の多くのケースには複数の解決策が考えられるので、学生自身が自分の頭で考え判断するための「事実」こそが必要だからである。問題は、ケースに盛り込まれるべき「経営の事実」とは何か、「記録すべき事実」をどう捉えるか、である。この「事実」を捉える方法が「概念枠組」である。したがって、経営教育の核のひとつを成す「ケース・メソッド」の確立は、概念枠組自体の構想を、つまり経営学自体の構想を必要とする。

ドナム自身が経験から、産業および社会における人間行動、人間関係の重要性を認識していた。ドナムは、「メイヨーのような産業衛生学や精神病理学に造詣が深く、また臨床研究にも経験豊富な人物を、産業における人間問題の解明を通して経営理論を構築しようとする意図を実現する人物と評価した」[12]。ドナムは、メイヨーの産業調査のやり方が、企業経営を、科学に基礎を置く専門職業に変容させるのに役立つと確信し、一九二五年一二月一四日、オーストラリア首相ヒューズの推薦状を添え、メイヨーの招聘を正式に要請する書簡を、ハーバード大学総長ローウェル（A. L. Lowell）に送った。しかしローウェル総長が財政的負担を理由にこれを拒否した。ところが、ドナムは諦めなかった。メイヨーの採用に関わって、一九二六年五月一日、ローラ・スペルマン・ロックフェラー記念財団からの資金提供が正式決定し、メイヨーは九月一日付で「産業調査室」准教授兼室長として採用された。メイヨー四六歳であった。同年一一月二五日、メイヨーはアデレード大学から文学修士の学位を授与される。

一九二六年就任当初の産業調査室スタッフは、フィラデルフィアから一緒に来た助手のオスボーン（E. P. Osborne）だけであった。産業調査室が創設された一九二七年に、レスリスバーガーとスタンフォードの医科大学予科を出たラヴキン（O. S. Lovekin）が助手として加わった。レスリスバーガーの詳細は第四章に譲る。産業調査室と同時期に創設され、同様にロックフェラー財団から財政支援を受けていた「疲労研究所」は、ヘンダーソンの指導の下、強力なスタッフに支えられ研究成果を着実に上げていった。オフィスが向かい合わせだったヘンダーソンとメイヨーは、これ以後親密な交流をすることになる。疲労研究所の成果とは対照的に産業調査室は、スタッフに恵まれていないことに加え、臨床的方法によって産業における人間の全体情況を捉えることの困難さに直面していた。メイヨーは、一九二六年の就任早々には、産業界に入り込み、労働者の個人的な生活や考えといった全体情況について可能な限り具体的な情報を得るための"observation post"ないし"listening post"をドナムに依頼していたが、思うようには進展していなかった。こうした状況が一年以上続く中でメイヨーは、レスリスバーガーやラヴキンたちと、一週間に二回程度の読書会を設け、心理学、精神病理学、人類学、生理学等の書物を読み、議論していた。ハーバードでのメイヨーは、ドナムやヘンダーソンと親密に交流していたが、経営大学院の他の同僚や学生、さらには産業界から、産業問題への心理学の適用という彼の研究は興味を示されなかった。その他、ロックフェラー財団との結びつきや、学生向けの授業を非公式な形で年三回行うのみであったり、経営大学院の問題にほとんど関与せず会議にはほとんど出席しなかったりといった特別扱いもあり、他の同僚たちにとって羨望と憤懣の的となり、経営大学院内でメイヨーは特別な存在であった。

メイヨーは、こうした状況の中で後悔し始めていた。その最中、一九二七年一〇月六日、ニューヨークにある産業関係顧問会社のヤング(A. H. Young)から講演依頼が来た。(13) ヤングの要請でニューヨークのハーバード・クラブで行われた「特別協議委員会」主催の講演会において「心理学は今後一〇年間に産業に何をすることができるか」と題して、二回(一〇月下旬とその後の冬)講演を行った。二回目の講演後の三月一五日付で、ウェスタン・エレクトリック会社人事部長スティーヴンソンが、メイヨーに書簡を送る。この書簡をきっかけに、一九二八年四月二四日、メイヨーが助手のオスボーンとラヴキンを連れて、ホーソン工場を訪問する。この後同年九月から、メイヨーが関わる面接計画がホーソン工場において開始される。その詳細は前章に譲るが、メイヨー四八歳であった。

五　ホーソン・リサーチへの参加、そしてその後

面接計画が実施され、メイヨーは希望していた"observation post"ないし"listening post"を確保できた。一九二九年にメイヨーは、産業調査室教授となる。同年一一月一五日には、人事管理研究連盟のニューヨーク会議において、ペンノック（G. A. Pennock）やパットナム（M. L. Putnam）がそれぞれ、そしてメイヨーが「産業における変化」と題してホーソン・リサーチの成果を報告する。この後、ホーソン・リサーチの成果を公にする機会が増える。

ローウェル総長の依頼で、メイヨーは、一九三二年一二月から八回のローウェル講義を行った。それらをまとめたものが、メイヨー文明論三部作を成す『産業文明における人間問題』として、翌年一九三三年に刊行された[14]。メイヨー五三歳であった。

一九四二年は、メイヨーにとって重要な転機となる。この年メイヨーはハーバード大学名誉修士を受けるが、同年二月に親友のヘンダーソンが死去する。夏には、メイヨーの強力な支持者であるドナムがディーンを辞任した。この年メイヨーは二人の強力な後ろ盾を失う。これまで特別扱いで

あったメイヨーと他の同僚たちとの間は疎遠であり、後任のディーンに就任したデーヴィッド（D. K. David）から、経営大学院でのメイヨーと他の同僚の仕事との違いについて質されたりもした。

ヘンダーソン亡き後の相談相手は、ロックフェラー財団医学部会長のグレッグ（A. Gregg）であった。グレッグを介して、一九四三～四四年にかけて、コネチカット州ウォーターベリーの銅産業における欠勤の原因調査や南カルフォルニアの航空産業の労働移動の研究等にも携わった。一九四五年、六五歳のメイヨーは『産業文明における社会問題』を刊行した。(15) 一九四七年、六六歳の時にメイヨーは五月一〇～一一日の二日間にかけて、ハーバード大学での最終講義を行い、それが同年『産業文明における政治問題』として刊行された。(16) 引退後イギリスに移住するが、一九四八年に、彼に多大な影響を与えたジャネに関する『ピエール・ジャネの心理学』が刊行される。(17) 遺作であった。一九四九年九月一日、イングランドのポレスデン・レーシーにて、メイヨーは六八年の生涯を閉じた。

第二節　メイヨーの経営思想の源流

メイヨーの経営思想の源流をたどり、ここでは三つの流れを取り上げる。それが、ジェイムズ、ジャネ、そしてヘンダーソンである。以下、簡単にではあるが、その流れを概観する。

一　ジェイムズの影響

まず一人目は、W・ジェイムズである。メイヨーは、ジェイムズから「具体的知識 knowledge of acquaintance」および「抽象的知識 knowledge about」という概念を援用しつつ、思索を展開している。ジェイムズは心理学にとどまらず、プラグマティズム（pragmatism）を代表するひとりでもある。「pragmatism」という言葉は、「なされた事柄」「行為」等を意味するギリシア語「*pragma*」に由来する。プラグマティズムの特徴は、思想を行為との関連で捉える点にある。

ジェイムズは自身を、主－客未分の「純粋経験」を基底に据えた根本的経験論の立場と位置づける。ジェイムズによれば、〈生〉の流れである純粋経験には「知覚 percepts」における多様な意味の可能性が潜在するが、当該主体は自身の注意・関心・選択にしたがって、そこから特定の意味を「概念 concepts」として抽象化する。こうした「知覚の概念への翻訳」という人間の意識作用には固有の問題がある。それは、動的で多様な〈意味〉が潜在する純粋経験を、静的で固定されたただひとつの〈意味〉を有するにすぎない諸概念の体系に翻訳し尽くすことはできない、ということである。人間の意識作用は、潜在する多様な意味の可能性の中から特定の意味を抽象化する「意味の一元化」の問題や抽象度が高まるにつれて生じる「概念の〈生〉からの乖離」の問題を孕む。現実の具体性は意味の多様性を孕んでいるにもかかわらず、概念を介することで著しく抽象化される。それにもかかわらず、抽象化したことを忘れ、抽象化の結果を「具体的な現実」と取り違える。そうした事態をA・N・ホワイトヘッドは、「具体性置き違いの誤謬」と呼ぶ。「知覚の概念への翻訳」という人間の意識作用には、どうしても翻訳・言語化しきれずにこぼれ落ちる「何か」が残る。

ジェイムズは、人間の意識作用が抱える問題を解決するために、概念は、つねに具体的行為を通じて験証され、有益である限り「真理化 verification」される必要があると言う[18]。この真理化過程で鍛えられた概念は、一方でより抽象度の高い概念を展開させるための土台となり、他方でわれわれの行為を導く信念・習慣へと強化・自明化され、われわれの身体に染み着いた技能（skill）となる。この技能が、概念の強固な基盤となる。技能を通じて、当該主体の能動性が行為として現実化される。技能は、「行動を通して得られる知識であると同時に行動するための知識[19]」であり、単なる身体動作の手続きではなく、固有の価値体系を含む。ジェイムズは、真理とは、実在であるのではなくて実在についてのわれわれの信念であるから、それは人間的（主観的）な諸要素を含んでおり、非人間的（客観的）な諸要素から分離することはできない、と言う。われわれは既得の信念を持って新鮮で具体的な経験の世界へ飛び込んで行く。この信念がわれわれの注意の向かうものを規定し、われわれの注意するものがわれわれの為すことを規定し、われわれの為すことがまたわれわれの経験するものを規定して行く。ここに、ヘンダーソンとの関連で後に言及する「概念枠組」の先取りがある。

以上で見てきた概念と技能との関係が、抽象的知識と具体的知識との関係に、そしてまたメイヨーが述べる科学と技能との関係に対応する。ここで抽象的知識とは、主‐客が分離して、事物を対象化し諸要素へと分解して、事物の潜在的に多様な意味の一側面を抽象化して概念化して理解することを意味する。そこにおいて事物は、ある特定の仕方での取り扱いを受け、われわれの考えに従って操作される。また具体的知識とは、言語化は困難であるが、主‐客未分的に事物との共感・一体化を通じて事物に馴れ親しむことを通じて得られるものであり、それによって効果的に行為することができる行動知・身体知を意味する。プラグマティズムでは、実在についての信念である抽象的知識（概念）は具体的行為を通じてつねに験証され、有用である限り真理化されると考える。真理化される限りにおいてそれは、一方においてより高度な抽象的知識を発展させる土台となり、他方でわれわれの行為を導く技能即ち具体的知識となる。逆に言えばプラグマティズムは、それが現在どんなに確実な真理と見なされる知識であろうとも、その真理化が行き詰まり誤りが修正される可能性を認める立場、つまり可謬主義の立場に立つ。したがってそこには、具体的経験と抽象化された観念・理論との間の不断の往復が要請される。そうした観念・理論は思考や行為のための試行的な枠組（仮説的構成体）であり、部分的誤りや不十分さがあったとしても、具体的行為を通じて速やかに修正の必要性に気づき、実際に修正する技能（具体的知識）が求められる。この技能こそが、後でヘンダーソンとの関連で言及する「直観的習熟」の先取りである。

二　ジャネの「新しい心理学」からの影響

次にジャネは、二〇世紀前半のフランスの精神医学と臨床心理学に支配的な影響力を及ぼした精神医学者であり、精神分析で有名なフロイトと同時代に活躍した人物である。[20] いずれもが催眠暗示を研究対象とし、ヒステリー患者の治療にあたっていたが、ジャネは「心理学的狭窄」、フロイトは「抑圧」という考えに到り、前者は「下意識」概念を、後者は「無意識」概念を提唱することになる。

二〇世紀以降の現代思想の源流に、こうした「無意識の発見」が見出される。第一章において言及したが、一九一〇年代に心理学者が心理テストを産業界に持ち込み、産業心理学が興隆しつつある時代状況において、メイヨーはそうした潮流とは異なる「新しい心理学」に大いに影響を受け、吸収していった[21]。人間行動における非合理的要因に焦点を当てる「新しい心理学」を、彼自身は「全体情況の心理学」と呼んでいる。メイヨーは、面接計画への方向転換のきっかけになったのが、ジャネの強迫観念的思考の研究であった、と述べている[22]。

ジャネは従来の神経症を、理論的に「ヒステリー」と「精神衰弱」に分けた。ジャネの理論体系の鍵概念が「心理的緊張」であり、全般的にそれが低下したものを精神衰弱とし、部分的に低下したものをヒステリーとした。この他に「心理的力」「心理学的均衡」「心理学的階層」等の概念がある。

心理的緊張が弱まると、個人の注意力と意志力が低下し、逆に強まるとそれらが高まる。この緊張の程度によって、後に述べる心理学的階層のどのレベルで各人が心的エネルギーを活用できるかが変化する。対して、心理的力とは心理的エネルギーの量であり、行動の可能性を表している。それは、人の活動が低下し、抑鬱状態からくる混乱にあるときには小さく、逆に活動が活発なときには大きい。心理的力と緊張との間には心理学的均衡が成立していなければならないが、この均衡の維持がしばしば困難となる。均衡が乱されることが心の病気に重要な役割を持つと、ジャネは考えた。

さて心理学的階層は、より原初的・基本的な生命活動段階からより高次な社会的活動段階へと、①無用な筋肉の動き、②情動的反応、③心象の機能、④無関心な活動（習慣的行動）、⑤実在機能、の五段階の心的傾性に区分される。心理学的均衡の維持が困難になるにつれて、まず高次な心的傾性の実現から困難になっていく。最も高次な段階の実在機能は、取り巻く全体状況にうまく適応しながら、当該主体が求めるところを現実化させる能力である。そこには、全体状況の認知と自身の観念や思考の認知という二側面がある。両側面をうまく結合できれば、実在機能を発揮できる。ところが、病的なほどの衰弱や疲労困憊等によって心理学的均衡の維持が困難になると、実在機能のような高次な心的傾性が失われ、強迫観念や妄想といった心の病の問題をもたらす。

第一章で既述の通り、大量生産方式の導入に伴い、工場労働に大きな変化が生じた。労働者は機械のペースで作業することを強いられ、しかも個々の作業が単純化・標準化・専門化されることで、疲労や単調さ、さらには労働の意味が問題化してくる。さまざまな産業調査への臨床的・実験的接近を通じてメイヨーは、まさにこうした疲労の蓄積や単調な作業の累積的効果を含めた当人の全体情況から、彼らが心理学的均衡を維持できず、強迫観念的思考に苛まれているという理解に到る。こうした事態を招く契機は、疲労のような生体機能の均衡の破綻であったり、自分が無用であるという社会的経験であることもある。レスリスバーガーは強迫観念的思考を「誤った二分法」と呼び、その特徴を①過度の単純化および②過度の誇張表現、と指摘する。[23] 強迫症者は、潜在的な意味の多様性を孕んだ複雑な現実を、安全－危険、成功－失敗、優越－劣等、良い－悪い等のふたつの対立する選択肢に分け、どちらかを選択し、それにしたがって思考をまとめ、行動しようとする。それは、複雑な現実のある側面を捉えてはいるかもしれないが、基本的には不適切な状況認知に陥りやすいので、堂々巡りに思考は拡張するが、状況に適応できず行動が伴わない。しかしそれは、再教育ないし心理分析によって治癒することも可能である。そのために、休息やカウンセリングが効果的である。

個人の強迫観念的思考の原因は、心理学的均衡の混乱である。メイヨーの経営思想は、個人レベルでの均衡問題のみならず社会レベルでの均衡をも射程に入れる。この均衡概念の拡張を可能にしたのが、ヘンダーソンを介したパレート理解である。

三　ヘンダーソンの「パレート社会学」からの影響

ヘンダーソンの学問遍歴は自然科学から社会科学にまでわたり、多彩である[24]。一九二五年夏にメイヨーと会う機会を得、ヘンダーソンがドナムに、メイヨーのことを話している。一九二六年には、自身のそれまでの研究を踏まえ、「全体としての人間」を対象としうる「人間生物学」を推進する研究所の創設を考えていた。パレートに触発されたヘンダーソンは、科学としての社会科学の成立の可能性を確信し、パレート・セミナーの主催を通じて、ハーバード大学における当時の科学者集団（パレート・サークル）のリーダーとして、多大な影響力を持った。ヘンダーソンはメイヨーとともに、人間関係論の形成過程で、指導的な役割を果たすことになる。

パレートは、ワルラス（M. E. L. Walras）の後継者として一般均衡分析を精緻化させた人物である[25]。そのパレートは後に、経済をサブ・システムとするより包括的な社会システムにおいて不平等な均衡が成立し維持される「社会システムの均衡」問題に関心を移し、その究極的原因を感情によって駆動する人間行為の非論理性に求めた。しかし人間は、非論理的行動に論理的外観を与えようとねつ造する。人間の行為を真に理解するには、非論理的行為を覆っている論理的外観というベールを剥ぎ取り、その背後に潜在する真の動因を抉り出す必要がある。パレートはこのベールを「派生体」と呼んだ。派生体は、相対的に恒常的な要素である「残基」と可変的な要素である「派生」から成る。前者は人間行動を生み出す理性外的、非論理的な感情や本能と言えるものであるが、それは個体単体でも作動する食欲のようなものではなく、社会的環境の中で顕在化する社会的な本能とも言うべきものであり、これが、真の動因である[26]。また、後者はそれを正当化し合理化する論理的推論や詭弁的推論あるいは誘導理論である。

パレートは、残基という恒常的な一般的性向とそれによって駆動される派生体こそが、社会秩序を成立させる要因であると考えた。そこでパレートは、社会システムの構成要素として、残基と派生体を含めた、経済的利害、社会的異質性とエリートの周流、の四つの変数を挙げる[27]。パレートは、通時的に見たときに変数間の「比率」の均衡や変動によって歴史的過程を説明しようとする。その際、変数間の因果関係ではなくて相互依存関係が強調される。

ここでヘンダーソンが注目したのは、残基や派生体といったパレートの鍵概念そのものというよりは、むしろそうした概念が経験の世界の観察を通じて、そこに見出された恒常的なもの・規則的なもの（斉一性）を分析するために仮定された上で探求された概念（仮説的構成体）であるという点、またそうした概念を抽出する科学的方法論の点である。その上、それまでキャノン（W. B. Cannon）

らの生物学の研究において用いられていた「ホメオスタシス」、即ち生物有機体に特有の内部環境の恒常性に関する研究で用いられた「システム」という概念が、「社会システム」として社会の分析にまで拡張しうることを、パレート社会学の中に見出した。

ヘンダーソンの科学方法論の特徴は、科学における観察と実験の重要性を強調する点にある。しかも彼は、観察が理論に依存するものであり、それによって経験の世界をわれわれが再構成しつつある過程であると考える。自然科学と社会科学との区別なく、どちらも作業仮説である「概念枠組」（理論）を用いてわれわれの具体的な経験の世界を観察し、そこに一定の斉一性を見出し、それを「事実」として抽象化し、再構成する。したがって「事実」とは、われわれが採用する概念枠組を通じて把握される経験の世界の一部・近似値である。こうした方法的特徴を、ヘンダーソンは「ヒポクラテスの方法」と呼んだ。それは、第一に直観的習熟、第二に物事の体系的な知識、第三に物事についての有効な思考方法、である。この方法を特徴づける第一および第三の要素が基本的技能として提示される。既述のジェイムズの議論と重ねれば、第一の要素が具体的知識（技能）であり、それが第二の要素である抽象的知識として客観的に定式化される。[28] この抽象的知識が具体的行為を通じて験証され、真理化される限りにおいて第三の要素である「有効な思考方法」（概念枠組）として維持・強化されつつある。直観的習熟は、日夜具体的な実在に向き合い、具体的な出来事の中に自らを浸らせ、具体的な情況全体に慣れ親しむことで得られる。それは、「ある事象」（前件）と「その事象が生じていることを示す指標」（後件）との関連に精通することを意味する。直観的習熟は、現象の発生を示す指標を熟知して、そのことを通じて現象の診断・予測を行う技能であり、またそうした診断や予測の不十分さ・不適切さに気づき、速やかに修正する技能でもある。

四　メイヨーに合流する三つの流れ

こうした三つの流れが合流して、メイヨーの経営思想が形成されてくる。三つの流れを、次のようにまとめることができる。

① 人間の意識作用は、経験の世界を概念や体系的な抽象的知識・概念枠組によって翻訳しようとするものであるが、それらによって経験の世界（実在）を完全に捉えることはできず、どこまでも「事実」は近似値にとどまる。

② したがって、概念や抽象的知識・概念枠組によっては捉えきれない「何ものか」―その「何ものか」は純粋経験における意識の流れ、無意識あるいは非論理的な心的状態・感情と表象される―が常にそれらに覆い隠されて潜在あるいは抑圧されている。

③ こうした実在と事実とのズレは、われわれが経験の世界に効果的に適応している限り、つまり均衡している限りにおいて、真理化されうる。最も高次な心理学的階層に当る実在機能は、具体的経験と抽象化された観念・理論との間の不断の往復を通じた験証や、その真理化が行き詰まり誤りを速やかに修正できる技能・直観的習熟をも含み込んでいる。

④ しかし疲労のような生体機能の均衡の破綻や社会的無用感に苛まれると、諸個人はその心理学

的均衡を維持できなくなり、実在機能を発揮できなくなる。その結果、当該個人の環境への働きかけは、強迫観念的思考に陥る傾向が強い。しかもそれは個人レベルに留まらず、同様に社会システムもその均衡を維持できない場合には、強迫観念的思考に陥る傾向が強い。

⑤ そうした強迫観念的思考は、潜在的な意味の多様性を孕んだ経験の世界を、過度に単純化し特定の側面を誇張した「事実」として再構成し、「誤った二分法」に基づいて、当該個人や社会システムに不適応な問題行動を生じさせる。

⑥ こうした不均衡を解消するために、概念や抽象的知識・概念枠組によって覆い隠され抑圧されている「何ものか」を解放し、新たな均衡を目指す必要がある。そのための効果的な対処法として、休息をとることや心理分析・カウンセリング等がある。

こうした三つの流れが合流して形成されるメイヨーの経営思想の特色について、次節で検討する。

第三節　メイヨーの経営思想の特色——メイヨー文明論を中心に[29]——

ホーソン・リサーチを通じて開花する人間関係論に、メイヨーはその哲学的・思想的基盤を与え、「人間関係論の父」と呼ばれる。メイヨーは、生理学、心理学、精神医学、社会学、人類学等の広範な学識を有する、優れた思想家であった。レスリスバーガーに拠れば、想像力が豊かで、思考を鼓舞する人であり、臨床研究の促進者、組織行動についての有用な思考方法の発見者であったが、体系的な思想家ではなかった[30]。メイヨーの思索は、「メイヨー理論」ではなく、あくまでもわれわれに問題提起し続ける「経営思想」と呼ぶことが相応しい。その特色は、われわれが生きる現代社会を人類史的視野の中で位置づけつつ、隠れた問題を抉り出そうとする文明批評（文明論）という点にある。

一　メイヨーの研究方法

メイヨーの研究方法の特徴は、相互に制約し合っている多くの可変的な要素間には必ず均衡関係が存在するという動態的な均衡仮説に立って全体状況を把握しようとする思考方法であり、「誤った二分法による分離」の否定である。メイヨーの叙述には、至るところ二分法がある。例えば、社会的技能と技術的技能であり、技能と科学であり、あるいは科学的方法における臨床と実験室、である。メイヨーは、こうした二項を相即不離の均衡関係にあるものとして把握する。例えば技能と科学との関連を歴史的に見れば、科学（抽象的知識）は一般に、それに先立って存在する技能（具体的知識）に深く根ざすものであって、一定の活動領域において十分に発達した技能の産物として科学は発達を遂げた。そしてまた、より高度な科学的実験を行うにも、より高度な実験器具や装置等を使いこなすための技能を必要とする。技能と科学とは相即不離の均衡関係にあると、メイヨーは考える。

技能と科学の関連性に深い関心を持っていたメイヨーにとっては、それゆえ、科学の発達にとって臨床的および実験室的接近が重要であった。メイヨーは言う、「両者は相互依存的であり、互いに他を欠けば成果をあげ得ない。臨床の特徴は、突然に予期せざる重要性が見出されるかも知れぬ部分を含む複雑な状況を、綿密に忍耐強く注意することであり、実験室の特徴は、実験と論理的構成とに在る」[31]と。ここに、直観的習熟と概念枠組の真理化を特徴とする「ヒポクラテスの方法」の影響を見出せる。一九世紀中、臨床は「観察」と呼ばれ大いに重要視されていたが、近年の臨床から実験室への偏重（不均衡）という時代の趨勢に対して、メイヨーは警鐘を鳴らす。臨床的接近を重視する点が、メイヨーのみならず、人間関係論に一貫した研究方法である。

二　メイヨーの問題関心

こうした研究方法を有するメイヨーの代表的著作は、『産業文明における人間問題』、『産業文明における社会問題』、『産業文明における政治問題』の文明論三部作である。これらを貫き、さらにはオーストラリア時代から一貫して抱いていた基本的な問題関心は、「自発的な人間協働 spontaneous human cooperation」の確保という問題である。

メイヨーは、社会もひとつの「協働システム a cooperative system」と捉え[32]、そこには、あらゆる社会集団が個人および社会集団全体にとって直面する、不断に繰り返される二つの経営問題があるという。それは、①物質的経済的必要の充足と②組織を通じての自発的協働の維持、である。この問題に対応するために必要な技能が、それぞれ「技術的技能 technical skill」と「社会的技能 social skill」である。こうした技能は具体的知識の派生物であり、言語化は困難であるが事物に慣れ親しんでいて実際に効果的に対処できる行動知という点に特徴がある。まず技術的技能とは、事物を人間の目的に役立つように取り扱う能力である。また社会的技能とは、他者の態度や考えに応答し、他の人々と意思疎通できるコミュニケーション能力である。この両技能を駆使して二つの経営問題を均衡させることが、あらゆる協働システムに要請される。

また通時的に見れば、どのような社会集団あるいは文化水準においても、ふたつの協働の型を見出すことができる。ひとつは恐怖（fear）と強制（force）による協働であり、もうひとつは理解（understanding）と強制とは異なる意志（will）に基づく協働である。どちらの型も協働する意志を有するが、第一の恐怖と強制による協働は、ある特定の社会集団に属する人々が、他の社会集団に対してあるいは自然の未知なる力に対して恐怖を感じ、そうした未知なる他者や自然への疑念・恐怖の感情に由来して相互に結びついた「強いられた協働」である。他方、第二の理解と意志に基づく協働は、社会集団に属するすべての人々が、有効なコミュニケーションを通じて、互いをそして直面する状況を理解し、自らの意志に基づいた「自発的協働」である。どのような社会にあってもこれらふたつの協働の型が相互に絡み合ってひとつの協働システムを構成しているが、「文明化された社会」における協働は第二の型に基礎をおくのである。

こうした人類史的視野の中でメイヨーは、近代機械文明あるいは産業文明に焦点を合わせていく。メイヨーは、この二世紀ほどの間に第二の型の協働が衰退傾向にあると見る。この点は後で改めて言及するが、メイヨーの基本的な問題関心は、いかにして第二の型の自発的協働を確保するか、に向かう。メイヨーは産業社会を念頭におきながら、社会という協働システムについて、およそ社会は、職業的集団に組織化された諸個人から構成されており、その各々の集団はその社会にとってのある機能を遂行していると述べる。したがって社会が存続するには、①個人は、働きながら、その仕事が社会的に必要であると感じることが可能でなければならない、②個人は、所属する集団を超えて、社会を見ることができなければならない、という。しかしそれには、③社会を構成するすべての個人および社会集団を共通の利益と目的をもった共同社会の下に包摂するような社会状態を実現させる必要がある。自発的協働を確保しつつ社会が存続するには、社会とのつながりを見通しつつ、各自が当該集団の中で特定の機能を遂行できるような相互理解および状況理解とそれへの自発的協働意志が必要となる。メイヨーはこうした観点から、産業社会における人間協働の現場に目を向ける。

三　メイヨーの産業社会批判―病める適応的社会―

メイヨーは、この二世紀の間に自発的協働が衰退しむしろ強いられた協働へと向かう傾向を見た。その原因は、協働システムが直面する二つの経営問題に対処するためにも、また個々人が取り巻く環境に効果的に適応するためにも、およそ「一人前の大人」が身につけるべき技術的および社会的技能の間に不均衡が生じたことに由来する。メイヨーは、この両技能の発達度が不均衡になり、しかも社会的技能の修得が困難になることで両技能の不均衡が甚だしくなり、自発的協働を阻害するようになったと考える。技能は単なる身体動作の手続きに留まらず、固有の信念や価値体系を内包する。つまり技術的技能にしろ社会的技能にしろ、直面する状況に応じてどのように事物や他者と向き合うべきかに関わる価値体系を内在させている。両技能の不均衡という問題は、それが内包する価値体系にも影響を及ぼす。この不均衡を促進する主要な要因として、以下の二つを取り上げる。

第一の要因は、当時の社会理論（適者生存という進化論的観念）やレッセ・フェールの経済理論によって、協働よりも競争を強調し、自己利益を追求する諸個人による多数決の原理を全体意志と同一視しようとする思潮の中に見出される。そこには、社会は諸個人の寄せ集めであり、本質的に利害関心が対立する社会階級によって構成されているとの仮定が潜む。メイヨーはこうした思潮が前提する人間仮説を、「烏合の衆仮説 rabble hypothesis」として批判する。その特徴は、①自然的社会は組織されない個人の群れから成っている、②あらゆる個人は、自己保存あるいは自己利益を確保するように考えて行為する、③あらゆる個人は、自己の目的を達成するために、その能力の最善を尽くして論理的に思考する、という点にある。一連の産業調査を踏まえれば、こうした仮説は、具体的協働情況の理解として正しくないばかりか、人間関係を円滑にするよりはむしろ、各自の利害対立を前提に競争を促進するため、自発的協働を阻害し疑念や恐怖・敵意に強いられた協働を促進する。自己利益追求のための技術的技能は鍛えられようが、社会的技能の修得は疎かになる危険性がある。

第二の要因は、急激な産業発展に伴う社会変容・社会的混乱である。それをメイヨーは、「確立された社会 established society」から「適応的社会 adaptive society」への変容過程として把握した。確立された社会は「単純な社会」とも呼ばれるが、そこには社会的秩序の安定性がある。社会的規範が、社会的紐帯として個人を強力に拘束するのみならず、むしろ社会と個人とを結びつけ一体化させる。確立された社会は、相対的に見て変化の速度は遅く範囲も小さい。そこでは、協働問題を解決するための伝統的な諸方策（固有の価値体系・習慣）が高度に完成されており、それらは技能の中に織り込まれ、諸個人は生まれるとほぼ同時にそうした諸方策を技能の修得を通じて内面化していく。この技能を教え込む制度として、「徒弟制度」が支配的であった。諸個人は徒弟の期間を通じて、技術的技能と社会的技能とを同時に会得していった。諸個人は徒弟を通じて、よい職人になることを学ぶと同時に、仲間との円滑なコミュニケーションも学ぶことで、安定的な生活や社会を形成していった。確立された社会においては、未知なる他者や自然の脅威に対する恐怖もあり、第一の型の協働の側面もあったが、それればかりではない。むしろ、変化は緩慢で安定的なため、よく見知った馴染みの人々と馴染みのやり方で協働するという第二の型の協働も可能であった。

ところが「適応的社会」と名付けられた近代機械文明あるいは産業社会は、確立された社会とは対照的に、急激かつ不断に変化する社会であり、大都市または工業中心型の社会経済を指す。確立された社会では生産過程がかなり安定的に継続するのに対して、適応的社会ではあらゆる産業分野において作業方法のみならず使用される原材料についても、計画的に組織された継続的なイノベーションを通じて、つねに変化して行く。こうした変化をもたらすイノベーションの基礎には、科学的・抽象的知識に裏付けられた科学技術がある。それを基盤に大規模な生産活動を展開し、個人および社会集団全体にとっての物質的経済的豊かさを高めてきた。技術的技能は飛躍的発達を遂げることになる。変化こそが常態となり、「変化する＝成長・発展」であり「変化しない＝停滞」であるという二分法的思考に基づいた「成長神話」が広く浸透し、ますます速まる変化に意識的に適応することを人々に強いる社会が適応的社会である。翻って組織を通じての自発的協働の維持に必要な社会的技能は、技術的技能ほどに発展せず、その結果両技能の不均衡が甚だしくなっていく。

さらには両技能の習得過程にも、変化が生じる。適応的社会では、大学に代表される学校制度が諸個人に抽象的知識を教育するようになる。しかしこうした教育機関では、社会的技能のような具体的知識を教えることも経験させることも困難な状況になり、しかも事物に親しくなじむ臨床的アプローチが軽んじられ、むしろ実験と論理的構成を重視する実験室的アプローチに偏重する傾向がある。その結果適応社会においては、技術的技能と社会的技能の修得に関わっても不均衡が増大していく。

およそこの二世紀の間に、自己利益を追求する諸個人による自由競争が強調され、また科学技術の発展に伴って、確かにわれわれの生活は物質的豊かさを実現させてきた。その過程で、不断の変化を是とする適応的社会が成立してくる。われわれの生活は技術的過程が流動化するのと同様に、人間関係も流動化する。諸個人は、ひとつ所に留まって人々と十分に接触することができず、社会的技能を発達させることも難しくなる。それは、直面する状況に応じてどのように他者と向き合えばよいかに関わる価値体系の変化・弱体化をもたらす。メイヨーは社会変容の背後に、伝統的な社会的紐帯の衰退とそれに伴う過度の個人化傾向を見出す。変化を常態とする適応的社会においては、刻々と変化する未知なる状況や疎遠な他者を理解することが困難になり、むしろ未知なる状況や疎遠な他者に適応することを強いられ、それに不安や恐怖、敵意を感じる人々は、強迫観念的に「誤った二分法」に囚われ、敵―味方に分かれ、優―劣や勝ち―負けに囚われた「強いられた協働」に陥る。「国内においても、また国外においても、社会は常に増大する相互に敵対的な諸集団へと解体しつつある。理性を失った憎悪が協働に取って代わりつつある。……正常な社会関係が解体する際には、友愛あるいは寛容から、不信と憎悪への転化はほんの一歩である」[33]。人々の相互理解や結びつきが弱体化し、むしろ対立的になっていく適応的社会においてメイヨーは、確立された社会への回帰ではなく、技術的技能と社会的技能との新たな均衡の回復を通じた健康な適応的社会を目指す。

四　メイヨーの経営思想―適応的社会における経営職能―

こうした問題関心を抱くメイヨーは、従来とは異なる人間観や管理者観を提起する。

メイヨーは「烏合の衆仮説」を批判し、それに代わる新たな人間観を提起する。その特徴は、①個々の人間は、さまざまな組織の構成メンバーとして、他の人々と関わりを持ちながら行為する主体である、②個々の人間は、その属する組織のルールに従って行為する主体である、③個々の人間は、この目的を達成するために、状況に応じて論理的かつ没論理的にも思考する、というものである。こうした人間観は個人を、自己利益を追求するために論理的・合理的に競争する独立自存な存在と把握するのではなく、むしろ全体状況の中に埋め込まれ相互作用しつつ協働し、そのことを通じて自己充足する存在と把握する。この人間観の転換が、従来の経営学が立脚した「経済人仮説」に代わる、人間関係論が立脚する「社会人仮説」へと結晶化していく。

新たな人間仮説に立脚する経営職能に期待されるのが、①物質的経済的必要の充足と②組織を通じての自発的協働の維持、である。それぞれを遂行するために、技術的および社会的技能の効果的な発揮が必要となる。適応的社会においては、技術的技能が大いに発展して第一の経営問題は大いに進展してきているが、それと均衡すべき社会的技能はこれまで看過されてきた。その結果、両技能の均衡が崩れ、人々の間のコミュニケーションが次第に難しくなってきた。したがって、理解と意志に基づく自発的協働を実現させるために期待される経営職能は、ふたつの技能の均衡を回復させるように両技能を育成することである。

ここで期待される社会的技能とは、全体状況の中で他者と関わりながら、自身の機能を理解し、自発的にそれを遂行できる状況を作り出すコミュニケーション能力である。経営職能としては、こうしたコミュニケーションを組織成員間で、あるいは社会集団間で確保・促進させることで、当該組織を超え社会とのつながり（全体状況）を理解した上で、各人が当該組織の中で特定の機能を主体的に担うことができるような環境整備が期待される。適応的社会において強いられた協働情況にある組織成員は、強迫観念的に「誤った二分法」に苛まれている。こうした誤った状況認知に陥った人々の全体情況を理解し、その原因を探り、改善するためにメイヨーが注目したのが、面接計画にも採用したカウンセリング手法である。その要点は、①人が言いたがっていることに耳を傾けよ、②人が言いたくないことに耳を傾けよ、③助けなしには人が言えないことに耳を傾けよ、である。経営職能には、本人すら気づかず、もっともらしい論理に覆われ抑圧された非論理的要因（感情）を明らかにすることで、全体情況に対するより適応的な理解を促し、自発的協働を確保することが期待される。

ただし、メイヨーをはじめその後の人間関係論に対する批判がある。例えば、①メイヨーが「人間関係論の父」と称されることが経営学史上の通説であるが、人間関係論形成に対するメイヨーの貢献がはたして何であったのかについて疑問を呈する見解がある。[34] あるいは、②社会的技能を強調するあまり、技術的技能を軽視してはいないか、③人間の非論理性を強調するあまり、合理的・論理的側面を軽視してはいないか、等の批判もある。思想的な観点からは、④メイヨーは「適応的社会」という新しい時代の新たなエリートとして経営者層の台頭を前提し、経営者的偏見を有しており、したがって無批判的に経営者側に味方している、[35] ⑤カウンセリング等の心理的な技法を活用することで、「労働者の不満」を諸個人の環境適応の問題にすり替えて、労使対立の根本原因を見逃し、労働組合や団体交渉の機能を無視している、⑥経営者・管理者によって組織成員が「自発的に」協働するように操作されるとする「人間操縦論」批判、[36] 等である。次節で、若干言及する。

第四節　メイヨーの経営思想の現代的意義

本節では、メイヨーの経営思想の現代的意義について検討する。その際、二つの観点から論じる。ひとつは、メイヨー自身が明示した技術的技能と社会的技能の均衡という概念枠組を用いて、いわゆる「ＩＴ革命」によって急速に切り拓かれつつある新たなコミュニケーション空間でのそれの意義を問う。もうひとつは、彼自身が問題として提示しただけで明確には論じていない「知性偏重経営 intelligent management」という論点を、筆者なりに概念枠組として再構成した上で問う。メイヨーは、社会の変容過程および社会的技能の低下に際し重要な役割を演じているにもかかわらず、その存在が見逃されてきた協働システム（近代経営）のあり方を「知性偏重経営」と名付け、具体的知識と抽象的知識の概念を援用しつつ、批判する。(37)「知性偏重経営」という概念枠組を通して、メイヨー以後の現代社会や現代経営学および現代経営をどのように問いうるか、その射程を検討する。

一　現代社会における技術的技能と社会的技能をめぐる状況

メイヨー以後の現代社会も依然として、科学技術やイノベーションを計画的・組織的に推進させており、むしろ変化は加速度的に速まってきている。いわゆる「ＩＴ革命」（デジタル、ネットワーク、モバイル技術の相乗的な融合と継起的イノベーション）の進展によってインターネットや携帯電話が社会的に普及し、それとともに「ソーシャル・メディア」化が進展している。こうしたコミュニケーション・ツールに、より早い段階から接している若者ほどそれらを使いこなす技術的技能は一般に高いように思われる。問題は、それと均衡するように、社会的技能も高まってきているのか、である。こうしたツールを活用することで、なじみの友人とのより深い交流や世界中の見知らぬ他者との新たな出会いの可能性が拡がり、その意味ではより充実したコミュニケーション能力を発揮することも可能である。

しかし他方で、「ソーシャル疲れ」「SNS疲れ」という言葉を耳にするように、ソーシャル・メディアの利用に伴い疲労や不安を感じる人も多いようである。例えば、次のような理由で疲労や不安を感じ、強迫観念的思考に苛まれることもあるようである。友人数やフォロワー数、リアクション数等が可視化され、それがあたかも自身の価値を表象しているかのように感じ、むしろそういった数字を高めようと腐心する。これも一種の「具体性置き違いの誤謬」であろう。利用者自身が日常生活を実況中継することで、自身の生活を他者に可視化し、自らプライバシーのない環境を作り出し、ストレスを感じる。自身の生活を可視化することで、属性の似通った友人たちとつながり、それが却って同調圧力を高め、価値観の画一化を促進し、息苦しさを感じる。

またこうしたツールの影響は私的な生活領域に限らず、職業生活にも大きな影響を及ぼしてきている。職業生活におけるケータイやメール等の使用あるいは在宅勤務の可能性の増大は、私的な生活領域にまで職業生活が侵蝕してくる可能性を高めている。それは、潜在的に常に職業生活からのプレッシャーに晒される可能性を高める。したがって諸個人には、これまで以上に、私的生活領域と職業生活との境界設定を行うという意識的適応の問題が生じてくる。

メイヨーがコミュニケーションを問題にするとき、基本的に対面コミュニケーションを想定していた。対面式の特徴は、多対多、一対多あるいは一対一であっても、互いに時間と場所を共有する同期性と同所性が必要である。それに対しオンラインで情報がデジタル化されるコミュニケーションの場合は、同期性や同所性といった制約から解放される。多数の人々が、自分の都合のよい時（多時的）

に、いろいろなところから（多所的）、情報にアクセスし、閲覧し、発信し、共有することが可能になる。メイヨー以後に現れてきたコミュニケーション空間は、非同期性、多時性、多所性を特徴とする。対面コミュニケーションの難しさに加え、デジタル・コミュニケーション特有の難しさも加わってくる。ほんの一例だが、コミュニケーションの難しさが強く認識される現代社会において、社会的技能の養成の必要性を主張したメイヨーの経営思想の意義は、ますます高まってきている。

二　概念枠組としての「知性偏重経営」論―現代文明を問う視点―

次に、メイヨーの知性偏重経営論について検討する。メイヨーが活躍していた当時、経営学および経営実践において、テイラーの科学的管理が指向する「経験から科学へ」の適用範囲は、熟練工が有する作業に関わる具体的知識の抽象的知識への徹底的変換を超え、管理全般に関わる具体的知識の抽象的知識への徹底的変換を指向する知性偏重経営へと進展してきた。この過程は、管理全般に関わる技能の変容過程であった。知性偏重経営における技能の変容過程は、広く共有されていた従来の価値体系の変容・動揺をもたらし、それとは異なる当該組織固有の価値体系の強化・自明化を促し、それを優越させるような各々の組織の自律化傾向を促進した。

「具体的知識の抽象的知識への変換」は、①意味の一元化の問題と②概念の〈生〉からの乖離の問題を孕む。知性偏重経営に沿って言えばそれは、①協働システムに潜在する多様な意味の〈組織の意味〉への一元化の問題および②当該組織固有の抽象的知識・概念枠組の〈生〉からの乖離の問題、を孕む。こうした問題は、組織目的の達成を目指す具体的な組織的行為を通じて験証され、真理化が試みられる。確かに知性偏重経営は、具体的な組織的行為を通じて組織目的の効率的な実現を可能にし、その真理化もなされつつあった。結果、産業社会における物質的経済的豊かさを実現させることも可能にしてきた。しかしそれはまた、大きな問題を孕むものでもあった。

協働システムには、多様な意味の可能性が潜在する。それを、バーナードを援用して示せば、物的・生物的要因＝生態系の意味（自然環境）、社会的要因＝社会の意味（社会環境）、個人的要因＝諸個人の意味（人間環境）、そして組織要因＝組織の意味、となる（図表3−1）。知性偏重経営は、「具体性置き違いの誤謬」を犯し、強迫観念的に〈組織の意味〉（組織目的）を過度に強調するあまり、潜在する諸他の意味を抑圧し、組織目的との間で不均衡・不調和をもたらす組織的問題行動をとる危険性を孕む。メイヨー以後も進展する知性偏重経営化に伴って、抑圧された諸他の意味が、公害問題や消費者保護運動、企業の社会的責任の問題、労働生活の質の問題等々として顕在化してくる。

知性偏重経営は、組織目的の達成度、つまり「組織の有効性」という観点から、取り巻く環境を対象化し諸要素へと分解して、事物に潜在する多様な意味の一側面を抽象化し、当該組織にとって価値ありと評価した限りで事物を「経営資源」として把握し、当該組織に固有の取り扱い方に沿って手段化し操作する。そのことで、協働システムが孕む「物質的経済的必要の充足」という経営問題は大いに実現され、社会の物質的豊かさも達成されてきた。しかし反面、「組織を通じての自発的協働」という経営問題は看過され、諸他の意味との間で対立を生じさせ、それがさまざまな形で顕在化してくる。ここに、協働システムに潜在する多様な意味が抑圧され「組織の有効性」が優越する「組織の不寛容」（多様性の排除）という知性偏重経営の問題性が潜む。

「組織の不寛容」問題に対して、経営職能に要請されることは何か。看過された社会的技能を重視するメイヨーは、強迫観念的思考への対処法として、カウンセリングに注目していた。その要点を繰り返せば、①人が言いたがっていることに耳を傾けよ、②人が言いたくないことに耳を傾けよ、③助けなしには人が言えないことに耳を傾けよ、である。これを敷衍すれば、経営職能が果たすべき責任は、協働システムに潜在し抑圧された多様な声に耳を傾けることである。責任（responsibility）の原義が「（他者からの呼びかけへの）応答可能性 response+ability」であることを考えれば、さまざまな環境（自然・社会・人間）に潜在する多様な呼びかけに耳を傾け、それらとの均衡を意識しつつ自らの求める組織目的を現実化させる実在機能の発揮が、経営職能の責任として期待される。裏を返せば知性偏重経営は、「組織の有効性」確保という強迫観念的思考に苛まれ「組織の不寛容」が甚だしく、さまざまな組織的問題行動を引き起こし、それが諸問題として顕在化してきている。現代経営学の文明論的課題として、①環境問題、②文化多元性に基づく対立と戦争、③人間性の崩壊、が挙げられる。[38] 依然として

図表 3-1　協働システム

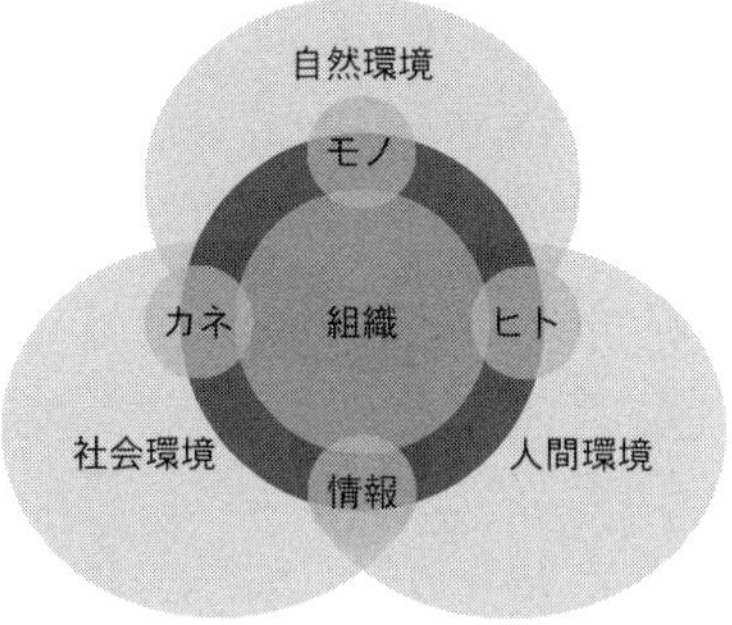

知性偏重経営の問題性が、こうした諸課題に通底しているのではないか。

とは言え、現代社会や現代経営学および現代経営では、一見すれば、さまざまな領域で「多様性の必要」（例えば、生物多様性、文化多元性、人材の多様性や組織における最小有効多様性等）が叫ばれ、メイヨーが生きた産業社会における「多様性の排除」とは対照的な進展にも見える。しかしその底流には、生き残りをかけた「組織の有効性」確保という強迫観念的思考に沿って、「多様性の排除」よりも、むしろ「多様性の包摂」へと深化・精緻化しつつある知性偏重経営化が、依然として進展しつつあると言えまいか。すべてではないが、多様性が必要であるという主張の多くに共通するのは、変化の激しい環境の中で「組織の有効性」を確保するためには、環境の不確実性に適応し革新的なアイディアを創造しやすくするのに、組織内部に手段としての多様性を取り込むことが効果的である、という考えである。

このように、メイヨーの知性偏重経営論を概念枠組として、現代社会や現代経営学および現代経営を眺める時、例えば、現代社会は「ポスト産業社会」なのか「高度産業社会」なのかといった議論や、知性偏重経営論と知識創造経営論（knowledge management）との異同、メイヨーが注目したカウンセリング手法の具体的導入例とも言える職場でのメンタリングやビジネス・コーチングの位置づけ等も、気になる。紙幅の都合で、こうした問題群の検討は他の機会に譲る。しかし、メイヨーの経営思想をめぐって、こうしたさまざまな問いが浮かんでくる。その意味で彼は、依然として想像力豊かで、われわれの思考を鼓舞する思想家であり続けていると言えよう。

最後に、メイヨーの経営思想の特徴を明確にすると思われる批判に関説して、本章を結びたい。

根本的な問題提起がある。それは、人間関係論形成に対するメイヨーの貢献がはたして何であったのかについての疑問である。その背後には、メイヨーは人間関係論生成のための優れたアイディアを提供したが、彼とその後継者レスリスバーガーとでは研究対象や研究方法の点（産業社会における人間あるいは社会問題か経営組織における社会集団ないし小集団か）で異なっており、ひとつの体系的な理論構築のための概念枠組を提供していない、むしろわれわれが「人間関係論」として理解するものの体系化はレスリスバーガーに由来する、したがってメイヨーは「人間関係論の父」とは言い難い、という問いである。確かに、メイヨーとレスリスバーガーをはじめとする後継者たちを連続性においてのみ理解することには注意が要る。この問いに応えるには、そもそも人間関係論とは何であるか、が問われる。確かに両者の間には非連続性があろう。しかし、その底流を貫くものは、「組織の有効性」確保に向けて理性や論理性を過度に強調する強迫観念的思考によって抑圧されていた人間の理性外的な感情や没論理性に目を向けることの重要さを指摘し、そのことで生じる諸個人および諸社会集団の問題行動を克服するために、経済人仮説に代わる新たな人間観に立脚して、自発的協働を確保するにはどうすればよいか、という問題意識である。

メイヨーが提起した荒削りな概念枠組が後継者たちの思索を鼓舞し、彼らの注意の向かうものを規定し、それが彼らの為すことを規定し、そのことがまた彼らの経験するものを規定して行く。そうした過程を経てレスリスバーガーらによる人間関係論の理論的精緻化が進んでいった。そこに非連続性があっても、メイヨーは人間関係論の思想的基盤を提供した「人間関係論の父」であろう。
多様性が強調される現代社会においてますます、「誤った二分法」を特徴とする強迫観念的思考によって抑圧・翻弄される人間性という視点は、依然として重要な意義を持ち続けている。

（藤沼　司）

注

（1）メイヨーに関しては、Trahair, R. C. S, *The Humanist Temper: The Life and Work of Elton Mayo*, Transaction, Inc., 1984. が詳しい。ここでは、主としてトラヘアに拠る。この研究成果に基づくメイヨー研究として、次も参照のこと。稲村毅「詳伝　エルトン・メイヨー（一）（二）」大阪市立大学経営学会『経営研究』第四〇巻第二号・第四号、一九八九年。また日本におけるメイヨー研究として、次も参照のこと。桜井信行『新版　人間関係と経営者―エルトン・メーヨーを中心として―』桂林書房、一九六八年。
（2）Zaleznik, A., "Foreword: The Promise of Elton Mayo," in *ibid.*, p. 11.
（3）Mayo, G. E., *Democracy and Freedom: An Essay in Social Logic*, Macmillan & Co. LTD., 1919.
（4）次の文献が詳しい。原田実「エルトン・メイヨーの初期労作について」九州大学経済学会『経済学研究』第四七巻第五・六合併号、一九八二年。
（5）砲弾恐怖症とは、近代戦が精神に及ぼす累加的緊張によって起こる自制力・記憶力・発言能力・視覚等の喪失症で、当時は近接砲撃での脳しんとうによる損傷と考えられ「シェル・ショック（弾丸衝撃）」と名付けられた。
（6）特にメイヨーとロックフェラー財団との関わりについては、以下の文献に拠る。①佐藤健司「ロックフェラー財団と人間関係論の展開」日本経営学会『経営学論集』（七〇）、二〇〇〇年。②佐藤健司「人間関係論の生成・展開と産学協同：ロックフェラー財団とハーバード・ビジネス・スクールとの関係を中心として」労務理論学会『労務理論学会研究年報』（一〇）、二〇〇〇年。

（7）松田裕之『物語　経営と労働のアメリカ史―攻防の一世紀を読む―』現代図書、二〇〇六年、三四―六二頁。

（8）①"The Irrational Factor in Society," *Journal of Personnel Research*, Vol. 1, No. 10, Feb. 1923. ②"Irrationality and Revery," *Journal of Personnel Research*, Vol. 1, No. 11, Mar. 1923. ③"The Irrational Factor in Human Behavior: the 'Night-Mind' in Industry," *Annals of the American Academy of Political and Social Science*, Vol. 110, Nov. 1923. こうした一九二〇年代のメイヨーの思想について、次の文献が詳しい。原田実「非合理性、妄想、産業疲労―一九二〇年代初期におけるエルトン・メイヨーの思想―」九州大学経済学会『経済学研究』第四九巻第一・二合併号、一九八三年。

（9）メイヨーを中心とするハーバード・グループは、一九二三年から一九四三年の間に、ロックフェラー財団から総額一五二万ドルの補助金を受け取る。メイヨーの給料は、彼が一九四七年にハーバード経営大学院を退職するまで、ここから支払われた。次を参照のこと。Gillespie, R., *Manufacturing Knowledge: A History of the Hawthorne experiments*, Cambridge University Press, 1991, pp. 242-243. また、こうした産学協同を批判する観点から、次の文献も参照のこと。Baritz, L., *The Servants of Power: A History of the Use of Social Science in American Industry*, Wesleyan University Press, 1960.（三戸公・米田清貴訳『権力につかえる人びと―産学協同批判―』未來社、一九六九年。）

（10）①"Superstitions," *The Continental Pathfinder*, Vol. III, No. 11, Nov. 1923. ②"Civilized Unreason," *Harper's Monthly Magazine*, Mar. 1924. ③"Civilization: The Perilous Adventure," *Harper's Monthly Magazine*, Oct. 1924. ④"Revery and Industrial Fatigue," *Journal of Personnel Research*, Vol. 3, No. 8, Dec. 1924. ⑤"The Basis of Industrial Psychology: The Psychology of the Total Situation Is Basic to a Psychology of Management," *Bulletin of the Taylor Society*, Vol. 9, No. 6, Dec. 1924. ⑥"The Great Stupidity," *Harper's Monthly Magazine*, July 1925.

（11）この経緯については、前掲の桜井やトラヘアが詳しい。しかしその後、広範な第一次資料にあたり、新たな事実関係を発掘することでこの経緯に修正を迫る研究として、吉原正彦『経営学の新紀元を拓いた思想家たち―1930年代のハーバードを舞台に―』文眞堂、二〇〇六年がある。以下は、吉原に拠る。この他にも、第一次資料にあたりつつ、ホーソン・リサーチの中にメイヨーを位置づけた研究として、次を参照のこと。Gillespie,

Manufacturing Knowledge.

(12) 吉原、前掲書、六五頁。

(13) この会社は、ロックフェラー諸会社における労使関係についてロックフェラーに情報を与える目的で、一九二六年に設立される（Trahair, *op. cit.*, p. 208)。

(14) *The Human Problems of an Industrial Civilization*, The Macmillan Company, 1933.（村本栄一訳『産業文明における人間問題』日本能率協会、一九五一年。）

(15) *The Social Problems of an Industrial Civilization*, Harvard University, 1945.（藤田敬三・名和統一訳『アメリカ文明と労働』有斐閣、一九五一年。）

(16) *The Political Problem of Industrial Civilization*, Harvard University, 1947.

(17) *Some Notes on the Psychology of Pierre Janet*, Harvard University Press, 1948.

(18) 桝田啓三郎は文脈に応じて、この語を「真理化」あるいは「験証」と訳す。その理由を桝田は、「veri- はラテン語の verus（真）から、-fication は facio（作る、なす）から来ており、両者の合成した『験証』を意味する verification の語を語源的に解して説いている」（桝田啓三郎訳『プラグマティズム』岩波文庫、一九五七年、二二三頁）と説明する。

(19) 庭本佳和『バーナード経営学の展開―意味と生命を求めて―』文眞堂、二〇〇六年、一七七頁。

(20) ジャネに関しては、以下の文献に拠る。①P・ジャネ／高橋徹訳『神経症』医学書院、一九七四年。②P・ジャネ／松本雅彦訳『心理学的医学』みすず書房、一九八一年。③H・F・エレンベルガー『無意識の発見―力動精神医学発達史―（上）（下）』弘文堂、一九八〇年。④杉山三七男「経営学における人間理解の一局面―レスリスバーガーとメイヨウ、そしてジャネ―」『聖泉論叢』第二号、一九九四年。⑤中島義明他編『心理学辞典』有斐閣、一九九九年。

(21) 当時のアメリカにおける心理学の状況およびメイヨーの心理学については、以下の文献も参照のこと。角野信夫『アメリカ経営組織論〔増補版〕』文眞堂、一九九八年。また、メイヨーがジャネの研究をどのように受容しつつ自身の思索を展開していったかについては、杉山同上論文が詳しい。

(22) Mayo, G. E., *Human Problems*, p. 103.（前掲訳書、一一一頁）。またそこには、メイヨーの個人史が関係しているかもしれない（Zaleznik, *op. cit.*, p. 11.）。医師への道に挫折したメイヨーにとって、職場において何らかの問題を抱え苦悩している一人ひとりの全体情況を踏まえ、臨床的に治療行為を施す精神療法家というあり方は、とても魅力的であったかもしれない。

(23) Roethlisberger, F. J., "The Nature of Obsessive Thinking," in *Man-in-Organization*, The Belknap Press of Harvard University Press, 1968.（杉山三七男訳「人間関係論と強迫的思索―レスリスバーガー稿『強迫的思索の特質』の翻訳―」静岡産業大学経営学会『環境と経営』第七巻第一号、二〇〇一年。）

(24) ヘンダーソンに関しては、以下の文献に拠る。① Cannon, W. B., "Biographical Memoir of Lawrence Joseph Henderson: 1872-1942," in *National Academy of Sciences, Biological Memories*, Vol. 23, pp. 31-58. ② Henderson, L. J., *L. J. Henderson on the Social System: Selected Writings*, Edited and with an Introduction by Bernard Baber, The University of Chicago Press, 1970. ③佐々木恒男「訳者あとがき―ローレンス J. ヘンダーソン：その人と業績―」ヘンダーソン／組織行動研究会訳『組織行動論の基礎―パレート一般社会学―』東洋書店、一九七五年。④加藤勝康『バーナードとヘンダーソン―*The Functions of the Executive* の形成過程―』文眞堂、一九九六年。⑤角野、前掲書。⑥吉原、前掲書。⑦赤坂真人『社会システム理論生成史―V. パレート・L. J. ヘンダーソン・T. パーソンズ―』関西学院大学出版会、二〇〇九年。

(25) パレートに関しては、以下の文献に拠る。①佐々木、同上訳書。②北川隆吉他「解説　パレートの生涯と学説」、V・パレート／北川隆吉他訳『社会学大綱（現代社会学大系六）』青木書店、一九八七年。③赤坂、同上書。

(26) 北川隆吉他、同上訳書、ii頁。パレートは残基として、次の六種類を提起する。①結合の本能、②集合体の維持、③外的な行為によって感情を表出するという欲求、④社交性に関する残基、⑤個人の保全と個人が自らに依存していると考えるものの保全、⑥性的な残基、である。

(27) 同上書、ii頁。社会的異質性とは、社会階級、階層、職種等による、残基の社会的布置の相違を意味する。例えば、支配階級には結合の残基が発達した人が多く含まれ、被支配者階級には集合体維持の残基を豊富に有する人々が多い、等。この残基の布置状況の変動が歴史的には波動を生じさせる。

（28）ただしここで、主‐客未分の行動知・身体知である具体的知識と「医者‐患者（病気）」といった主‐客分離の構図に由来する直観的習熟とを同一視することには、注意を要する。以下の文献を参照のこと。庭本佳和「バーナードの方法再論―人間関係論とバーナード理論の方法的検討―（一）（二）」『甲南経営研究』第四八巻第三号・第四号、二〇〇八年。

（29）メイヨーの経営思想については、前掲の桜井の研究が詳しい。また、メイヨーとレスリスバーガーとの比較研究としては、進藤勝美『ホーソン・リサーチと人間関係論』産業能率短期大学出版部、一九七八年を参照のこと。

（30）Roethlisberger, "On Elton Mayo," in *Man-in-Organization*, p. 228.

（31）Mayo, *Social Problems*, p. 18.（前掲訳書、二三―二四頁）。

（32）*Ibid.*, p. 10.（同上訳書、一三頁。）*Political Problem*, p. 6.

（33）*Social Problems*, p. 119.（同上訳書、一六三頁。）

（34）次の文献を参照のこと。進藤、前掲書。吉原、前掲書。

（35）例えば以下の文献を参照のこと。①Bendix, R., *Work and Authority in Industry: Ideologies of Management in the Course of Industrialization*, University of California Press, 1974. ②R・ベンディックス／高橋徹・綿貫譲治訳『官僚制と人間』未來社、一九五六年。

（36）第二次世界大戦後、アメリカや日本で一時流行した「人間関係管理の技術」への批判として、例えば、以下を参照のこと。①Wright Mills C., *White Collar: The American Middle Class*, Oxford University Press, 1951. ②尾高邦雄『日本の経営』中央公論社、一九六五年。

（37）Mayo, *Social Problems*, pp. 10–11.（前掲訳書、一三頁。）

（38）村田晴夫「バーナード理論と有機体の理論」経営学史学会編『経営学の巨人』文眞堂、一九九五年。

第四章　レスリスバーガー
——人間関係論とその展開——

第一節　レスリスバーガーの生涯

人間関係論の父とされているメイヨーに関しては前章で見てきた。その人間関係論を展開し普及させたのは、ハーバード大学経営大学院における在任期間から考えても、弟子のフリッツ・ジュール・レスリスバーガーであったといえる。そこで、彼の人間関係論がどのようなものであり、その全体がどのようになっているのかを知るためにも、はじめに彼の生涯を概観しておくことにする[(1)]。

このように彼の生涯を理解した上で、彼がホーソン・リサーチをどのように見ていたのか、そこでどのような理論が使用されたのか、彼にとって人間関係論とはどのようなものであったのか考察し、加えて彼のその後の業績を見ておくことにする。

一　ハーバード大学経営大学院に至るまで

レスリスバーガーは、一八九八年一〇月二九日、ニューヨーク市のセントラルパーク西二九二のアパートに年子として姉の一四カ月後に生まれている。父親は、スイスのドイツ系地区でレスリスバーガー・チーズを商う家に生まれ、アメリカのブルジョワにチーズを売るために来米していた兄を手伝うために若い頃からアメリカに来ていた。母はアメリカで生まれているけれど、母の家系のリションの祖父はスイスのフランス系地区出身の人で、アメリカに渡って食堂付きの寄宿舎を経営していた。父がその食堂を利用していたことから母と知り合って結婚した。彼が五歳の頃に家族はスタッテン・アイランドに移った。その一年後に父が他界し、一家は経済力が低下して住居を転々とする。二年ほどして、母は再びドイツ系の人物と再婚し三人の子供をもうけている。

移民の家族は、アメリカに渡っても母国の文化を強く維持していたようだ。母方の家族の中で育ったレスリスバーガーは、スイスにいる父方の叔父の経済的支援で姉と一緒に私立のスタッテン・アイランド・アカデミーに通うことになった。〇五年から一七年にかけてのことである。しかし入学時、フランス語を話す環境で育った彼は英語を話すことができなかった。彼の家族は、旧体制の宮廷文化を好んで宝石の話などをしているけれど、彼自身は、そうした家族に一体感を持つことができずに孤立してしまう。経済的援助から不相応な学校に通っていたためであろう、友人を家に招くこともしていない。またボーイ・スカウトに入っていたけれど、活動の帰りにその格好で街中を一人で歩くのが嫌であった。こうして彼は、孤立した自意識の強い強迫的な人物となる。しかし、アカデミーでの最後の二年間に経験した二回にわたる入院生活は、孤立したレスリスバーガーに心理・社会的に光を与えるものであった。彼は、病院の女性看護師に恋心を抱いて詩を書いた。また、同じ境遇にある同年代の人びとと交際して二人の知己を得ることもできた。彼は、そこで初めて自らの心を打ち明け、他の人々と心からのコミュニケーションをとることができたのだ。

その間彼は、一四歳の時にスイスからチーズの仕事を継ぐ機会が与えられた。しかしレスリスバーガーは、家族の話し合いの場でそれを断って技師の道を目指すと宣言した。合理的でなく混沌とした旧体制を嫌い、明確な成果を示すエンジニアの道を選んだ。そして、一七年から二〇年にかけてコロンビア大学に通う。しかし、その三年間は孤独なものであった。数学、物理、化学の領域には熱中することができず、人文科学に興味を示すことになった。中でも現代文明、哲学、比較文学が興味をそそるものであった。そのころ、マサチューセッツ工科大学に経済学と工学の結合を目指したエンジニアリング・アドミニストレーションのコースが新設された。彼はそれが自分の関心にふさわしいと思い、コロンビア大学の卒業に必要な単位は夏期コースで充当させて二一年に卒業し、その前年の二〇年から二二年にかけてマサチューセッツ工科大学に学んでいる。このコースは、実際は科学的管理法であった。彼がそこに見たのはまったく人間性を無視した世界であった。そうした科目に関心が持てず、社会主義的色彩の強い著作を読んでいたという。卒業後テキサスの鉱業の会社に就職したが、そこで彼は、高炉の火の色だけでその温度が分かる技術者の技能に驚かされる。一般に強迫的な人々は、知的には優秀であっても具体的に作業をすることは苦手である。彼がまさにそのような人であったのであろう。その後そこを退職して本の通信販売員をする。そして、こうした生活の背後に何か見逃している本質的なものがあるのではないかと思い、二四年にハーバード大学の大学院の哲学研究科に入学してくる。しかし、この世界はレスリスバーガーの期待に応えるものではなかった。ただし、哲学者のA・N・ホワイトヘッドの授業には関心が持てた。彼は、後にレスリスバーガーが活動を共にするT・N・ホワイトヘッドの父である。レスリスバーガーは、その後このA・N・ホワイトヘッドが『科学と近代世界』(2)を執筆している間その下にいた。ところが強迫的になっているレスリスバーガーは、A・N・ホワイトヘッドの論理的厳格さにおびえてしまったのか、結局彼の下での研究はあきらめ、精神衰弱の状態に陥ってしまった。記憶が不確かな彼は、その時誰かに二六年にハーバード大学経営大学院に来たばかりのメイヨーに会ってみるように勧められたと言う。彼が会ったとき、メイヨーは彼に関心を示し、それと共に職まで与えてくれた。一九二七年のことである。

二　ハーバード大学経営大学院での仕事

レスリスバーガーは、その後生涯のすべてをハーバード大学経営大学院との関係で送ることになる。その彼が最初にハーバード大学で行った仕事は、学生に対してカウンセリングを行うことであった。彼は、このカウンセリング活動で成果を出して自信をもつ。そしてまさにこの段階で、メイヨーがホーソン・リサーチに関わるようになる。

当時ホーソン工場では、工場の側で独自に面接計画が進められていた。しかし、それまでの研究の状況や資料に関して彼ら自身が理解することができなくなり、担当者がメイヨーに助けを求めてハーバード大学にやってきた。そこからメイヨーがホーソン・リサーチに関与する。メイヨーがホーソン工場に最初に導入したのは、レスリスバーガーが中心になって開発した面接方法である。その結果面接方法が指示的面接から非指示的面接へと変更される。その後この活動はホーソン工場に引き継がれ、一般にホーソン・リサーチと言われている研究が終了した後も続けられている。(3)

この面接計画に続き、メイヨーはバンク巻線観察室にもかかわる。これらの関係の中でメイヨーは、レスリスバーガーとその同僚のホワイトヘッド、それにホーマンズ(4)とウォーナー(5)を連れてホーソン工場へ乗り込んだ。実際にバンク巻線観察室の設計をしたのは人類学者のウォーナーである。それは三一年に始められ、三二年の九月にはそれほど見るべきものが無くなって終了し、調査結果の莫大な量の資料がハーバード大学経営大学院に持ち込まれた。そこからレスリスバーガーは、ホーソン工場のディクソンと共に資料の分析と最終的な記録を行う。そのための枠組とそれに基づく先行分析を三四年に公にし、(6)記録の本体は三六年までに完成させた。その原稿は三年間会社の経営者の間で回覧された。三九年の五月になると社長のストール（C. Stoll）は、会社のイメージをダウンさせないと判断した。そこで二人が結論部分を書き加え、最終的に *Management and the Worker*(7) が出版されることになる。彼らの予想に反し、この著作は評価されて市場性を持ち、その後のこの種の調査研究を促進するステイタス・シンボルになる。

ハーバード大学経営大学院ではケース・メソッドによって経営教育がなされていた。レスリスバーガーはホーソン・リサーチの事例以外にも多くの事例を集め、それらを使用して四八年から正式に「人間関係論（human relations）」の名の下に教育を行っていた。この努力の過程で、多くの人から二種類の異なった反応があった。その一つは、それらの研究がよく理解できないというものであり、他の一つは人間関係論に対する批判であった。前者に関してレスリスバーガーは、経営学に関連する他の多くの領域と人間関係論との関係を示す形をとって応えた。つまり、人間関係論は臨床的立場に立って実際の現象に関わることで、その立場を基礎に直接的あるいは間接的に関連する他の多くの領域を統合しているというものである。わが国では、その点に関して進藤勝美が扱っている。[8]

他方、人間関係論に対して批判の渦が巻き起こった。ランズバーガーはそれらをまとめて著作にしている。[9] レスリスバーガー自身は、これで少し救われたのかもしれない。ランズバーガーは、*Management and the Worker* は調査結果以上に一般化をしていないとして評価し、それをメイヨーの著作と切り離すべきだと主張してくれた。このような状況でレスリスバーガーが展開した教育活動は、一般的な意味での教育ではない。人間関係訓練と呼ばれ、訓練生がさまざまな領域の異なった状況に身を置き、その状況に対して自ら対処する技能を身につけるものである。[10]

一九五九年になると、『ゴードン＝ハウエル報告』[11]が出され、ビジネス・スクールの存在意義に関する批判が高まってくる。結局それは、卒業生の評価もしくは効果の問題であった。その報告書では、ビジネスが十分専門職業になっていないとし、この方向でビジネスを発展させていくには、ビジネス・スクールで、（一）科学的方法と計量分析による管理上の問題の解決、（二）組織論、（三）管理の諸原則、（四）人間関係論を何らかの形で統合して一連のコース群にする必要があると主張されていた。幸いこれらの批判は、レスリスバーガー自身にはそれほど影響がなかった。

ホーソン・リサーチ以後、それに触発されて多くの研究が出現してくる。もちろんハーバード大学以外の研究機関でも研究が行われた。ホワイト（W. F. Whyte）をはじめとするコーネル大学のグループや、レヴィン（K. Lewin）をはじめとするグループ・ダイナミックスのグループがそれである。ところが、研究が進む過程で変化が見られる。ホーソン・リサーチなどの初期の研究は、自然史的研究が多かった、言い換えれば帰納主義的研究が中心となっている。一般的に言ってそこで示される成果は、資料を中心としたものである。しかし、次第に仮説検証型の研究なども出てくる。このように多種多様な研究が見られる中、この種の研究に資金援助をしていたフォード財団が五〇年に「行動科学（behavioral science）」という用語を使い出し、それが一般に広まることになった。そしてクーンツ（H. Koontz）が主催する経営学の統一を目指したシンポジュウムでは、レスリスバーガーは行動科学を代表して参加している。[12] このように研究状況が進展する中でレスリスバーガーは、四六年に教授に昇格し、五〇年には「人間関係論のブレット・ドーナム教授」と言う尊敬する人物の名のついた名誉教授にもなった。

レスリスバーガーは、世間的には行動科学の科学的研究のリーダーに見られているけれど、その当時のハーバード大学経営大学院は科学的研究よりも教育に力を入れていた。もちろん、レスリスバーガーもその流れで成果を出してはいる。しかし、行動科学が進展する状況にあって科学者であろうとするようになっていたレスリスバーガーは、マスター・コースの段階にある人間関係論の上に研究を可能にするドクター・コースの足場を持とうと努力した。そこでまず、五七年に「組織行動論（organizational behavior）」の名称でセミナーを開き、一九六二年には同名の科目を設置することに成功する。その頃、この動きに呼応する形でレスリスバーガーは、後輩とともに自らの最後の研究を行っている。その研究は、科学的な知識の展開のあり方に関する彼の見方に従ったものである。彼にとって、科学的知識は常に現実の現象に差し戻される必要があった。自ら追求する技能はまさに現実を扱っている。科学的知識であっても現実との対応が必要である。そこで科学的な理論であるが、それは現実の状況で物事を予測できるものでなければならない。レスリスバーガーはこの立場で研究を考えた。しかし次節で見るように、人間関係論が手にしているのは調査のための概念枠組であって科学的な理論ではない。結局理論構築に成功した友人のホーマンズの理論を借りることにする。そして彼は、ホーマンズを補佐役にザレズニックとクリステンセン（C. R. Christensen）を従え、予測を行って現実との対応を見る「予測研究（prediction study）」を行うことになる。[13]

そして、このドクター・コースのもとでハーバード大学経営大学院は再び科学的研究の拠点となり、弟子であるローレンス（P. R. Lawrence）とローシュ（J. Lorsch）が成果を出す。[14] その一方で、同僚のクリステンセンはケース・メソッドによる経営教育を引き継ぐ。レスリスバーガーは、六五年に正式の退職年齢に達したけれど、二年間パート・タイムで止まることになった。そして、その後もハーバード大学経営大学院に関わりながら自伝を執筆し、一九七四年に七五歳で他界した。

第二節　ホーソン・リサーチと人間関係論

これまでレスリスバーガーの生涯を見てきた。研究者としての彼にとって、ホーソン・リサーチは出発点ともなる最も重要な研究活動であった。そこでは、彼が開発した面接方法も導入されている。次に、その実験に関して彼が述べているところを基礎に概観しておく。その上で、次章との関係を追求しながら、レスリスバーガーの人間関係論を明らかにしておく。

一　レスリスバーガーから見たホーソン・リサーチの概要(15)

すでに第二章で見てきたように、ハーバード大学経営大学院のメイヨー・グループによって行われたとされるホーソン・リサーチではあるが、実際に彼らがその調査に直接関与するようになったのは非指示的面接以降である。それ以前は、ホーソン工場の側で主体的に進められていて、照明実験ではマサチューセッツ工科大学の電気工学部長のジャクソン（D. C. Jackson）がコンサルタントとして関わり、継電器組立作業検査室では同じ大学で生物学と公衆衛生学を担当するターナー（C. E. Turner）がすでにコンサルタントとして関わっていた。

この生産性に関する失敗続きの調査結果に関して、ホーソン工場の経営者側は理解することができなくなり、その解釈をメイヨーに求めてハーバード大学の彼の所にやってきた。それに呼応してメイ

図表 4-1　人間理解の展開

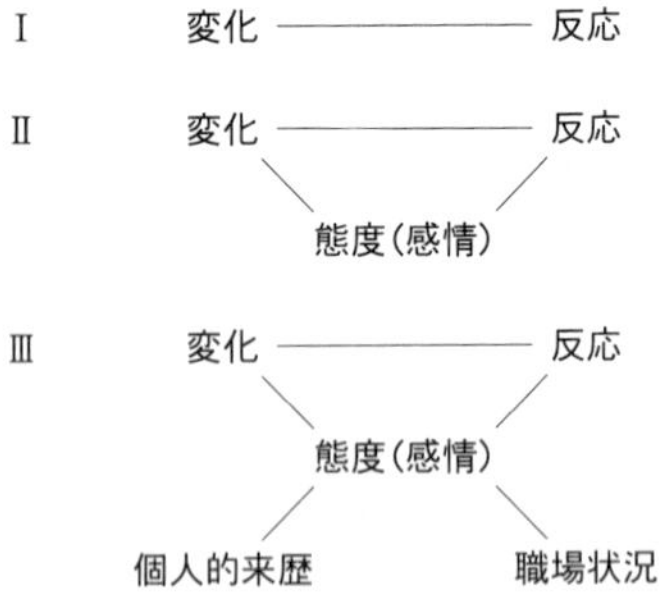

ヨー・グループは、すでに行われていた指示的面接に代わって当時レスリスバーガーが開発していた非指示的面接の方法をホーソン工場に導入させる。メイヨーは、経営者に対して次に必要となる調査研究との関係でこれまでの調査結果を解釈して説明しており、その結果として経営者側に研究の継続を決断させていた。そこでレスリスバーガーは、自らは実働隊として面接者の訓練などをしていたけれど、メイヨーのこの努力がなければ研究の続行はなかったと考えている。そして、この経緯の中でレスリスバーガーは、調査研究の全体的な報告書である*Management and the Worker*をディクソンと共に執筆することになる。

レスリスバーガーは、ホーソン・リサーチ全体の進展を人間理解の進展として図表4－1のような図式の形で提示する。ここでは、この図式に従ってホーソン・リサーチを振り返ってみよう[16]。

人間問題には人間的解決が必要である。その人間的解決が与えられるためには、何よりも人間的資料と人間的道具が必要となる。しかしその当時、人類学や一部の心理学を除けば、こうした問題に関連した事実の資料がほとんど無かった。この要求に応えたのがホーソン・リサーチである。

最初はⅠの変化と反応の関係である。これは、実際に初期の実験を行った研究者の持つ人間の想定の仕方と言ってよい。照明実験では照明度と生産高が正の相関関係にあるものと思って実験が行われたけれど、結局その実験は失敗に終わった。もちろん明るくすれば生産高も上昇したが、逆にかなり暗くしても生産高が上昇したのだ。そこから導き出された結論は、照明は生産高に影響する要因の一つではあるけれどマイナーなものにすぎないというものである。継電器組立作業実験も基本的には同様の失敗となったけれど、実験室に観察者を置くことで物事の認識のあり方が進展し、物質的条件などの要因もそれ自体孤立した形で取り上げることのできない全体状況の中の部分であるという結論になった。これは結局Ｉの図式の否定であり、単純で直線的な論理的相関関係はないと言うことになる。労働者は実験する条件よりも実験者が関心を持っていることに反応しているように思われた。こうしたことが「ホーソン効果」と呼ばれて世間一般に広まっていく。

この継電器組立作業実験にはもう一つ奇妙なことがあった。実際のところ、その実験室には日常的に上司がいなかった。観察者はいたけれど、彼女は友好的な雰囲気を作る努力をしていたものの指示や命令は出していない。それでも人々は努力し、一貫して生産高を上げていったのだ。そこでホワイトヘッドは、レスリスバーガーに先立ってこれまでの研究の記録を公にするとともに、リーダーシップの問題を扱うことになる。(17)

この調査の中で、人々が自分の仕事や仕事仲間や上司に対して抱いている感情がそれらの人々の働く意欲を大きく決めていることが分かった。さらには、もろもろの事象全般がそれぞれの労働者にとっての意味を帯びていることも分かった。こうして人間的資料が集められていく。調査では人々が経済的関心に基づいて行動するものとして集団出来高制が導入されていたけれど、結局彼女たちはそれ以外にもさまざまなことに関心を持っていることがわかった。

資料が集まる中で、上司や仕事や作業条件などが労働者にとってどのような意味を持っているのか知りたくなった。ホーソン工場の側は、それを知って管理者教育に活用しようとした。そのために面接計画が企画されることになる。最初は項目を指示して話を聞く指示的面接を行っていたのだけれど、質問と関係のないことを話し出す者が出てくる。そこでその後、むしろそうした話を積極的に聞く非指示的面接に面接の方法が変更されていく。ここでメイヨー・グループが関わってくる。つまりハーバード大学で学生に対して使用されていた傾聴の方法がこの非指示的面接の方法としてホーソン・リサーチに導入されることになる。そのことによって、人間に関する想定の仕方も変わる。変化と反応に加えて実際に態度もしくは感情が主要な関心事となり、図式はⅡへと進む。

この非指示的面接という研究方法は臨床的方法であり、人間関係論にとって重要な技法である。そしてこの面接で、労働者の不平や不満は直接的な事実を示すものではなく、むしろ感情の表明として理解した方が適切であるとされた。例えば、彼らが公言する苦情内容が現実の実態と直接対応していないことがあるからだ。そこで、調査方法の変更は図式Ⅲの一部を含むことになる。つまり、漠然としか把握できない感情を理解するために個人的来歴が明らかにされてくる。特に職場状況にうまくなじめていない人々は、しばしば面接官につらい生い立ちの話などをする。それとは反対に、職場状況になじんでいる人々の場合は、職場での仲間内の話などを始めたりする。

こうした状況でバンク巻き線観察室の調査が始まる。これは、図Ⅲの現実の職場状況の調査研究でである。説明上このように示したが、むしろ図Ⅲ全体と言った方がよい。この図は、人々の感情の表明がその人の置かれている全体状況に照らして初めて理解されうるものであるということを意味している。同時にまた、人々が決してアトムとして存在しているのではなく、何らかの集団に所属していることも意味している。そこで、できる限り人為的な手が加えられていない職場状況を観察することになるのであるが、その調査の設計に人類学者のウォーナーが加わってくる。その意味からすれば、バンク巻き線観察室は人類学の職場集団への応用と言ってもよい。

人類学の適用ということから言えるように、レスリスバーガーは職場集団に見られる社会構造を明らかにしようとする。バンク巻き線観察室では一四人の作業員が研究対象となり、普段彼らがどのような行動をしているのかが観察された。そこで多くの関係や活動のパターンが見出される。それらを見てみると、この一四人の公的な職場集団の中に二つの非公式集団があることが分かった。もちろん全員がまとまって集団を形成しているわけではない。集団になじめない人もいる。ところでこの集団は、上司に対応する行動のあり方や生産高に影響を与えていた。そこに一種の規範が存在し、それらが彼らの行動の掟のように作用していたのである。例えば、(一)仕事に精を出し過ぎてはいけない、そうすれば「がっつき」だと非難される。(二)仕事を怠けてはいけない、そうすれば「さぼりや」だと非難される。(三)仲間に迷惑になるようなことを上司にしゃべってはいけない、そうすれば、「告げ口野郎」と非難される。このようにして彼らは、概ね皆が同じような生産量を示すことになる。しかし、当然生産高には差が生まれる。最初の段階で研究者は、優秀な人の生産量が多いと思っていた。ところがまったく逆で、知的能力や器用度が低く集団にとけ込んでもいない人が生産高は高かった。逆に知的能力も器用度も高いある人は、本を読むのが好きで仕事に関心が持てず、生産高は低い状態にあった。集団のリーダー格の人はちょうど中間程度の生産高であった。われわれが常識で考えたり想定することと現実にはかなりの乖離がある。

ホーソン・リサーチの概要はこのようなものである。レスリスバーガーは、*Management and the Worker* の結論部分で、研究対象である社会システムとしての工場を構成する諸部分を次のように示している。(18)

社会システムとしての工場
一、技術組織
二、人間組織
二一、個人
二二、社会組織
二二一、公式組織
二二二、相互作用のパターン、
二二二一、観念と信念の体系（イデオロギー組織）
二二二二、費用の論理

二二一二二、能率の論理

二二二、非公式組織

二二二一、相互作用のパターン

二二二二、観念と信念の体系（イデオロギー組織）

二二二二一、感情の論理

これは、彼自身の研究対象とそれが置かれている状況を示したものと言ってよい。つまり、技術組織は実際には人々のいる時間と空間を規定する。個々人は、各々異なったパーソナリティー構造を持った別々の存在である。そのように異なった人々が、時間と空間に関して規定された状況の中で、公式組織として示される目的合理的に決められた諸関係の中で目的合理的な仕事をしている。これらは実際に職務記述書などを見れば概ね分かることであり、レスリスバーガーとしてはこれ以上それを研究する必要を感じていない。それに対し、まったく分からないのはそこで実際に彼らが何をしているのかということだ。こうしたことの結果として、自然発生的にそこに現れる行動のパターンである非公式組織が研究の対象となる。

二　その後の研究の主要課題との関係

ホーソン・リサーチ以降、堰を切ったように多種多様な研究が出てくる。それらの研究の中で主要なテーマとなっているのが「リーダーシップ」と「動機付け」の問題であろう。そこで、この種の研究の手がかりをホーソン・リサーチとの関係で見ておく。

事実の問題としてメイヨーを中心としたハーバード大学のグループは、ホーソン・リサーチとの関係で直接リーダーシップの問題を扱っているわけではない。だからといってリーダーシップの問題にまったく関心がなかったわけでもない。むしろ関心は強かったといえよう。実際T・N・ホワイトヘッドは、メイヨーの影響を受けて現代産業文明におけるリーダーシップの問題を扱っている。

ホーソン・リサーチは、その後の行動科学の研究からすればリーダーシップに関して問題を提起した研究になったと言ってもよい。継電器組立作業実験では、監督者がいないのに彼女たちは一貫して生産性を上げていった。この事実から見ると、管理者やリーダーは何をしているのか、果たしてそのような人物自体が必要なのかといった疑問も出てくる。そこでハーバード大学経営大学院であるが、彼らは経営教育をしている。この立場からすると、リーダーシップ自体よりもリーダーシップを発揮するポジションの方が重要な意味を持っていたのではなかろうか。それはさまざまな力が交錯する苦悩に満ちたポジションである。そのことを示すように、その後レスリスバーガーは二枚舌を使う管理者の問題を扱う[19]、つまり職長は、上司、同僚、部下、専門技術者、労働組合と日々向き合い対処しているのである。弟子のザレズニクは、より心理学的色彩を強め、組織の中の権威と自尊心に関わって生じるジレンマを問題にする[20]。

動機付けの問題はどうであろう。ホーソン実験の研究者は、基本的に人々が経済的な関心に基づき論理的に考えて行動するものだと思って研究をしていた。事実そこでは、それを示すように基本的に集団出来高給制がとられている。しかし、すでに述べたように、継電器組立作業実験では従業員に対して有利な変化や不利な変化を加えたけれど、そうした変化にもかかわらず一貫して生産性は上昇していた。その一方で、バンク巻線観察室では労働者が生産制限もしていた。このようなことから、人々は経済的な関心だけではなくさまざまな関心を持っていることが分かった。時として、人々と仲良くしていたいという欲求を持ちながら同時に超越して支配的な地位にいたいとする欲望も持っているのである。現実はこうした相反するような欲求がさまざまな形で働いているのだ。それゆえ、操作可能な技術組織や公式組織に変更を与えれば、抵抗などといった形で問題が生じることになる。しかしこうした目的や関心や欲求の問題は、レスリスバーガーの段階では明確に特定化されておらず、その後の研究を待たなければならない。

ホーソン・リサーチから明らかになったのは、非公式組織（informal organization）の存在である。そこでここでは、それとセットで問題にされる公式組織（formal organization）と非公式集団（informal group）について明らかにする。

（二）　公式組織と非公式組織

レスリスバーガーにとって非公式組織が何であるかが重要な問題であった。科学的という観点から見れば、最後のバンク巻き線観察室は観察であり、そこで斉一性を発見することに意味がある。

人間関係論は人類学の応用の側面があるとした。その人類学は社会構造を追究している。それゆえ人間関係論も、社会構造を追求しようとしていたと言ってよい。実際レスリスバーガーは、後に「われわれは、公式組織の中で発達して表面に出てきた行動のパターンに対して時として『「非公式組織』、時として『社会構造』という名前を与えてきた」と述べている。それらは、公的に決められた組織の構成集団の内部とその集団の間に現れるけれど、協定などでは想定されていない。そして「このような社会関係、メンバーシップのパターン、影響力とコミュニケーション・センターのネットワークや慣習、価値、規範、信念、非公式な規則が非公式組織である」と続ける。[21]

非公式組織は公式組織とセットで扱われることが多い。この公式組織と非公式組織のセットを最初に使用したのも、ホーソン・リサーチの記録を執筆したレスリスバーガーとディクソンであろう。彼らは、三四年に工場内の技術組織と社会組織の問題を扱った報告書をハーバード大学経営大学院から出している。[22] そこで、社会組織に関して公式組織と非公式組織を示して扱っている。しかし、それらに学術的な検討を加えたのはホワイトヘッドであろう。彼は、公式組織と非公式組織の区別をクーリーの一次集団と二次集団の違いに求める。ビジネスのような目的合理的な二次集団に見られる行動のパターンが公式組織であり、コミュニティーのような一次集団に見られる行動のパターンが非公式組織だと言うことになる。これらの経緯から考えて、三四年頃からの三〇年代は、ハーバード大学経営大学院の中でこれらの用語が普及していた。それらが彼らの共通の関心事であったといえる。

（二）　非公式集団と概念枠組

公式組織と非公式組織について見た。いずれにしても、組織は行動に関わるものであって、さらにその構造もしくはパターンを示すものである。次に明らかにするのは非公式集団である。当然のことながら組織と集団は異なる。集団は単位として存在するものである。例えば、非公式組織はおそらくどこにでも存在するであろう。いつも会釈をしていること自体がそれである。しかし、非公式集団がいつも形成されているわけではない。存在することもあれば存在しないこともある。もちろんホーソン・リサーチでは存在していた。クリークと呼ばれる非公式集団がそれである。その一方で孤立した人もいた。いずれにしても非公式集団は、最初から存在が予定されていたわけではなく、調査によって確認されたのである。そこでホーソン・リサーチでは、それを確認するために一つの作業をすることになる。レスリスバーガーは次のように述べている。「科学的調査研究は、理論で始まり理論で終わると言われてきた。また科学的調査研究は、観察で始まり観察で終わるともいわれてきた。それはともかくとして、何か特別の分野での科学の研究者が、はじめに展開する理論と後に展開する理論とはまったく異なっているともいわれる。……時には、(調査研究のための)「概念枠組 (conceptual scheme)」ということばが前者をさすのに用いられ、(説明の)「理論」ということばは後者を指すのに用いられる[23]」と。このことから言えるのは、調査をすることに力点を置いている人間関係論は、調査のための概念枠組を有していたのであって、説明のための理論を持っていたわけではないと言うことである。

それでは、具体的には概念枠組はどのようなものであろう。第一節で感情について触れたが、まさにそれがそうである。人々の行為や言動は感情に基づくものである。しかし、人は言った通りのこ

図表 4-2　面接者が考慮すべき諸関係の図式

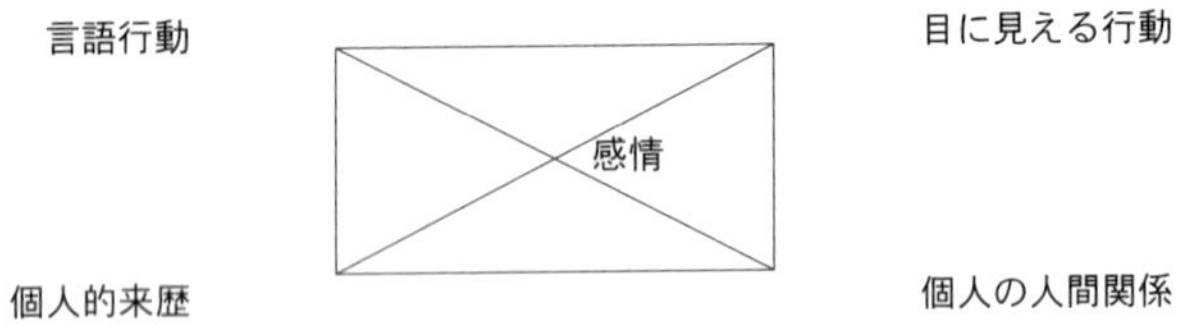

とをしているのではない。それでも言ったことと実際の行動は同じ感情に由来する。時として行動を合理化するような説明をすることもある。人間関係論は、その感情がどのようになっているのかを理解しようとした。具体的な活動があり、それに関する説明がなされる。これら行動や言動は調査可能であり、調査によってそれらに関する資料が収集される。こうした事実をフロイトの示す過去の来歴と人類学の示す現在の職場状況で理解するのである。それを図式化すると次のようになる。[24]

また、バンク巻線観察室では、人々がさまざまな行動をとっていた。仕事の交換、口論、ゲーム、友好的な関係もあれば敵対的な関係もある。こうした行動に見られる諸関係の輪郭を社会システムとして示す。このようにしてクリークは、社会システムとして認識される。そしてそれが、さらに「自然」と形容される。このクリークと呼ばれる自然社会システムも概念枠組である。それが「自然」と形容されているのは、あらかじめそれを想定することはできず、実際に調査してみなければ分からないことを意味している。次に、このクリークがどのように存在しているのか追求される。このようなことから、概念枠組は調査の対象を限定し、われわれの意識を集中させるものであり、その意味でクリークを確認すること自体は、調査研究の終わりと言うよりもむしろ出発点なのだ。そこで、概念枠組に求められるのは論理一貫性ではなく、調査に使用していかに多くの発見がなされるかである。また、この概念枠組は、特殊科学にだけ関わるものではなく、われわれが無意識のうちに行っている認識の中で、さまざまな形で活用されている。ホーソン・リサーチでは、それらをいくつか自覚的に行ったということである。

三　レスリスバーガーの人間関係論

一般的にはメイヨーとレスリスバーガーの区別も不明確なまま認識されることのある人間関係論であるが、レスリスバーガーの人間関係論はかなり独特なものであったようだ。レスリスバーガーは、自らの人間関係論をハーバード大学経営大学院で開発した。それでは、実際それはどの様なものであったのか。レスリスバーガー自身の人間関係論の規定の仕方とそれゆえの苦悩を見ておく。

彼によれば、「人間関係論は、(一)理論と調査、(二)専門経営者の定式化と実践、この二つを同時にという観点から正しく発展させることのできる本格的研究領域である。」そしてそれは、ただ観察するだけではなく、対象となる人に何らかの操作を加えて観察する臨床的な立場に立つものであり、その点で他の領域と異なる。さらに、「人間関係論は、理論と実践のギャップを埋めるために大いに役立ち得る。ある種の現象に関連した特定領域で責任ある実践から得られるデータと技能に端を発し、それらのデータの中の単純な斉一性を追求する」ものだと続けている。(25) もちろんここで理論と言っているのは、正確には概念枠組のことである。そこで彼は、人間関係論は本来科学であれば持っている明瞭な理論や法則や原理に従った技術の体系や知識の体系をもっておらず、その意味で厳密に言えば科学ではないことになる。それでも人間関係論が科学に値するとすれば、それが次の四点に関連しているからだとレスリスバーガーは考えている。ここでその点を引用しておこう。「(一)人間関係論は、特定の種類の現象の中の事実間の単純な斉一性を追求するためにその現象を観察する方法と有用な考察点を持っている。(二)観察を方向付けるための単純で明確な問いを行うことができる。(三)経験上同時に繰り返し現れる傾向のある一群の物事を追求することができる。その物事とは、特定の分野で事実に対する直観的習熟を持つ人が学び認識する臨床的実在、例えば医学における『症候群』のようなものである。(四)新たに観察を行い、実践に光明を与えるための単純な『理論』や『仮説』を展開させることができる。[26]」

このように述べるものの、レスリスバーガーには自信がない。なぜなら、人間関係論は説明のためのものでなく、それゆえ説明して示すような内容が少ない。さらには、その領域が他の多くの領域と深く関わっていることで、それ自体を独立したものとして孤立した形で表現できないからである。そこで、発見や調査や診断を目的としたものとして人間関係論のことを話すときには確信が持てたけれど、まとまった知識の体系として話をする場合には自信がもてない。つまり何が主題であり、何についての知識なのかを明確にすることができなかった。臨床的方法は、何らかの状況における斉一性を明らかにするものであるが、臨床的症候群とでも言うべきこの斉一性は、状況の中に深く組み込まれていて、それらを一般化して他の状況に当てはめることはできない。

そこで彼は、人間関係論が何なのかを示すために、彼が注目した技能や臨床的知識から分析的で科学的な知識へと進展していく知識の展開の道を示す必要が出てくる。それを彼は以下のように説明している。「ある種の現象を研究しようとする最初の試みは、それを扱うに当たって経験的知識とスキルで出発する。スキルから臨床レベルへの進展は概念枠組と観察や面接の基本的方法を必要とする。臨床レベルから分析レベルへの進展は、その現象の特性やそれらの諸関係をより適格に表現した概念や定義を必要とする。それに、基本的測定方法も必要である。私は、分析レベルに基本的概念、経験命題、一般命題の三つのサブレベルを考えて区別する。基本命題から経験命題への話の進展は、操作的な定義づけと厳密な測定方法を必要とする。経験命題から一般命題への進展は、審美的な創造的飛躍を必要とする。[27]」

この説明から見ても明らかなように、レスリスバーガーの意図したものは、できる限り想像の作用を廃した事実に基づく帰納的な理論の展開であった。もちろんレスリスバーガーの考える人間関係論は、臨床レベルに止まってしまっていた。しかし、彼の同僚の中に彼が考える知識の展開を適切に実践した人物がいる。それがホーマンズであった。レスリスバーガーは、ホーマンズに自らの考える成功した姿を見ていた。逆にホーマンズは、レスリスバーガーに飛躍するように促していたようであるが、しかしレスリスバーガーは、その期待に応えることなく自分の道を進んでいった。

四　人間関係論のわが国への導入

第二次世界大戦が終わり、日本の社会はアメリカに目を向ける。経営学の領域も同じで、ドイツ経営学からアメリカ経営学へと研究の流れが変わった。その流れの変化の中で人間関係論もアメリカから日本に入ってくる。ところが、人間関係論に関しては実務界の方が先に大挙して導入したと言えるかもしれない。戦前の段階で、すでにアメリカではコミュニケーションを重視する人間関係論の立場に呼応して多くの管理制度が開発されていた。実態としては、それらが日本に導入される。

戦後日本では、戦時中禁止されていた労働組合の活動が可能になり、労働組合が急速に過度なほど力を付けてくる。もちろん彼らは、経営側に対して敵対的な態度や行動でさまざまなことを要求してくる。経営側としては、それに応えて何らかの施策を示さなければならない。こうした状況の中で導入されたのがこれらの制度だ。経営側から見れば、労働者に対して自らの温情主義的態度を示すよい方法となった。もちろん、基本的に対立的に考える労働組合の側から見ればそれは反動でしかない。

実際に経営側が導入したのは、ここで問題にしているレスリスバーガーの人間関係論とはまったく異なったもので、人間関係管理の名の下で考え出されたさまざまな制度である。具体的には社内報、提案制度、福利厚生施設、苦情処理などが挙げられる。もちろん、これらの制度は今日でも日本の企業の制度として存在していて日本に根付いている。一般には、こうした制度以外に人間関係論はそれほど正確に認識されることがなかった。場合によっては、ニコっと笑って肩をポンとたたけば万事うまくいくといった「ニコ・ポン管理」と同じレベルのもののようにとらえられてしまった。この状況に対してまず藻利重隆[28]が、続いて雲嶋良雄[29]が、主としてレスリスバーガーの状況に基づく理解のあり方こそ正当なものだと主張する。こうした動きの中で、名取純一は、ドイツ経営学と関連づけてかなり総体的な研究成果を出していく[30]。尾高邦雄は、研究はするものの操縦主義的傾向を嫌って離れていく[31]。

しかしブームは恐ろしいものである。学問の世界では人間関係論から組織の問題へ関心が移行し、それ以後人間関係論に関する研究は急速に出なくなる。このように関心が薄れる中で、村本芳郎と坂井正廣はケース・メソッドによる経営教育の研究を続け[32]、先に述べた進藤勝美は、ホーソン・リサーチ自体の内容の分析をする[33]。その後彼らの研究を継ぐ成果は出されていなかったけれど、近年、大橋昭一と竹林浩志が、以後の議論を踏まえた成果を出している[34]。

第三節　レスリスバーガーが求めたもの

これまでレスリスバーガーの生涯を人間関係論に焦点をあてて見てきた。しかしそれ以外に、これまでの経歴に関する内容から、人間関係論より派生した次の三つの活動を彼の特徴的な成果として挙げることができよう。一つはカウンセリングである。次に彼独自のケース・メソッドによる経営教育である。三つ目は人間関係トレーニングである。

一 カウンセリング

ハーバード大学の中で学生に対する医療サービスを担当していたウォーセスター博士（A. Worcester）は、一九二七年にその後ライマン・ハウスと呼ばれることになるホステス・ハウスを創設した。そこに、悩みを抱えていたり勉強に疲れていた学生が、教員から指示されたりして送られてきていた。そこでは母親のような女性の職員がいて、彼女が飲み物を出したりして悩みを抱えた学生の話し相手になっていた。しかし彼は、そこに専属の男性職員が必要だと考えていた。結局その彼の好意でレスリスバーガーは、二七年の春からホステス・ハウスで仕事をすることになり、二九年に結婚するまでそこに住み込む形で学生に対して面接を行っていた。

ここで使用されていた面接の方法が、ホーソン実験の面接計画の後半部で活用されることになる非指示的面接である。その後カウンセリングと呼ばれるようになり、ホーソン工場でもその名称が使用される。このカウンセリング活動は、ハーバード大学でもその重要性が増し、レスリスバーガーの仕事もパート・タイムからフル・タイムになる。そしてそれに関する活動が認められ、彼は、一九三〇年に助教授に昇格している。

ところが、カウンセリングを初めてすぐメイヨーに会っている。それ以降その方法が変化したのではないかと考えられる。彼がメイヨーを通してジャネとフロイトのアイディアを身につけることになったからだ。彼らに関する知識は、レスリスバーガーにとってカウンセリングの対象者の語る言葉のもつ意味を変えさせてしまったかも知れない。この二人の心理学者は、よく似た現象を研究対象にしている。その一つが、ジャネの言うところの精神衰弱になった人びとの持つ強迫観念である。フロイトがこの強迫観念の歴史的決定過程を問題にしたのに対し、ジャネはそれが示す現在の形態に関心を持っていた。レスリスバーガー自身は、当時何か確固としたものを求めており、現実離れしたものを嫌っていた。そこで、フロイトの無意識の領域に関しては血の通っていないゾンビのようなものだと感じて関心を持つことができなかった。それでも彼は、その基本的な考えに関しては適切なものだと理解して受け入れ、過去の経験が現在の先入観に影響しているとして個人的来歴の形でそれを活用する。いずれにしても彼は、こうした学生とのカウンセリング活動を通して五つの斉一性が見られたと言う。ここで次にそれを見ておくことにしよう。[35]

（一）　先入観と注目

人は、本来注目しているものに関して熟慮すればよい。そうすれば適切な認識ができ、適切な行動を取ることもできる。しかし、いろいろなことに悩んで精神衰弱状態に陥っている学生は、強迫観念に苛まれ、自分が一所懸命考えていることと自らが注目しているつもりのこととが何ら有効な関係を有していない状態にある。レスリスバーガーは、そのことを、図表4―3によって示している。[36]

例えば、自分がある仕事に適していないという先入観を持っている学生は、その仕事に専念し続けられなくなり、先入観を強化することになってし

図表 4-3　先入観と傾注の関係

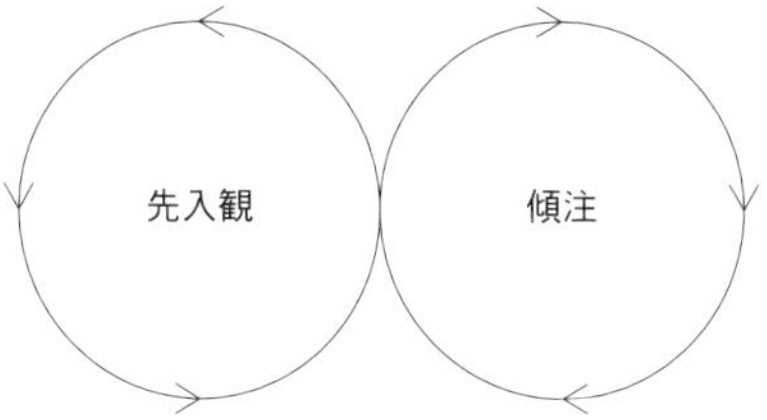

まう。つまり精神衰弱になって強迫観念に苛まれている人々は、先入観のサイクルだけが作動し、現実に目を向けて傾注し、それに基づいて思考し適切に行動することができなくなってしまうのだ。

(二)誤った二分法という思考形態

先入観は、事実をあまりに単純化する一方で論理を過度に複雑精緻化する形態をとる。強迫的な学生は、事実の世界を単純なものと見て、それに関する思考を複雑なものにしてしまう。言い換えれば、事実自体に関して熟慮するのではなく、自分がそれに対して行っている評価に基づいてあれこれ考えているのだ。そのような思考の根本にある評価の仕方が「誤った二分法」である。彼の初期の成果は、この強迫観念と関わったものが多い。この二分法は物事を両極に分けて考える思考方法であり、具体例として彼は、安全と危険、成功と失敗、優越と劣等、善と悪など十例を挙げている。例えばこの思考方法は、完全に安全でなければ危険であると考えるものである。実際問題として完全に安全なことなどありえないので、彼にとって現実の世界は危険で満ちあふれていることになる。そうであれば、結局恐ろしくて行動ができなくなる。このように考えてしまうことから、強迫的な人々は非常に不活発な人となる。

(三)先入観と個人的来歴

学生の先入観を理解するためにはその人の個人的来歴を見ることが有益である。これは、フロイトのアイディアを使用したものだ。しかし彼は、フロイトの理論体系自体を使用したわけではない。その基本的な考え方だけを活用した。個人的来歴は、意味づけの見地から現在に持ち込まれている。そして、多くの場合無意識の世界にある。しかしその意味が、しばしば現在の状況を誤って評価するように作用する。その結果その人は、現在の外部環境に適切に対応できなくなってしまう。

（四）先入観と未来

この先入観は未来にも関係している。つまり先入観の中に未来への期待も含まれている。そこで、個々人の持つ未来に関する目的の中には、現在の価値を増やしそれに意味を与えるものもあれば、逆に作用し、現在の持つ気力を失わせてそこから意味を奪い取ってしまうようなものもある。ハーバード大学経営大学院に勤める前のレスリスバーガーは、現在との関係で適切に未来の目的を設定することができずに哀れな日々を送っていた。彼は、ライマン・ハウスで面接している学生にそのような過去の自分を見ていたのかもしれない。

（五）相互関係

レスリスバーガーは、この学生の先入観を明らかにしようとした。即ち、その学生にとって意味ある問題をその学生自身が語り、肯定や否定の感覚もその学生自身が表すことができるようにさせようとした。そのように努力している過程でレスリスバーガーは、自分が面接で取る行動によって学生の側にまったく異なった反応が現れることに気づく。そのようにして見いだされた面接の仕方がカウンセリングと呼ばれるものである。その後もレスリスバーガーは、その行動で学生に面接を行っていた。この過程で、自分自身の先入観を見ずに彼らの先入観の特徴を考察することが困難であることを知った。つまり、学生を色づけして見ている自分自身に気づかなければ、学生自身の先入観自体を知ることもできない。こうしたことで、面接では自分自身に気づかされる。それも、多くの場合見苦しい自分であり、その自分に直面することは苦々しいことであったようだ。このこと自体が誤った二分法の問題であるが、その点に関して少し見ておこう。われわれは、苦境に陥るとよくよく考える。その場合、物事を両極に分けて考える傾向が強くなる。一般にそのどちらか一方の極が特に強調される。そして、一方の立場から論が展開されるのだ。もちろん、そこで展開される論は普通多少とも現実離れした不適切なものであり、しばしば極端な側面を伴っている。彼らの応答が多少大げさになる傾向があるのもそのためかも知れない。ところがよく話を聞いていると、その背後に常にもう一方の極が鎮座しているのだ。こうしたことから、例えば劣等感の強い人の場合を見ると、彼のどこかに優越感が見え隠れしている。

二　レスリスバーガーのケース・メソッド

レスリスバーガーの活動は、理論構築のための調査よりケース・メッソドによる教育とそのためのケース収集が主要なものであった。彼の考えは、人間関係論としてそこで展開された。ホーソン・リサーチの資料を使用した教育は、最初ハーバード大学女子部のラドクリフ・カレッジで行われ、一九四八年にビジネス・スクールの選択科目の「人間関係論」として導入される。その彼の教育方法は、他の人々の方法とは異なっていたようだ。しかし、それがどのようなものであったかはあまり知られていない。そこで対比のため、彼の同僚がケース・メソッドをどのようにして進めていたのかを見ておく。学生はケースをあらかじめ読んできており、書かれたケースの中の問題点を指摘して討論に入る。レスリスバーガーによれば、彼らの討論は次のような形で展開されていた(37)。

一　会社の基準から逸脱していることを問題として認識する。そしてその基準は、

二　問題を期待通りに働いていない誰かの問題に還元してしまう。その結果、

三　問題が生じている状況に責任のある悪者を捜し出すことになる。そして、もしそれが誰かを発見したならば、その人に、

四「われわれとしては、これ以上このようなことがあっては困る。君は承知の上なのか」と聞く。もし承知の上であるならば、

五　期待通りに働いてくれる新しい人を雇い入れ、さらに、

六　新しい規則、新しい規定、新しい統制システム、あるいは新しい方針を導入する。

こうした展開は、逸脱が生じないように会社を完全に再組織することを伴っている。そしてその背後には、組織を完全なものにする知識、人々の態度やモティヴェーションやパーソナリティーを適切なものにする知識もある。彼らの考え出す解決策は、論理一貫性のある「完全な解決策」である。

完全な解決策には盲点があった。それは、多くの場合論理的で厳密な経済的行動が前提とされていることだ。そして、他の行動形態は認識されずに無視され、無効とされる。しかし、その背後には感情を持つ個人や集団の感情に基づく相互作用の関係が存在している。さらには、実際に完全な解決策

図表 4-4　学生が事実と呼ぶ評価の関連要素

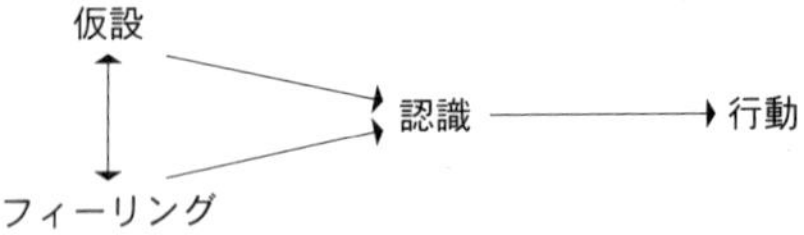

を現実の状況で適用すれば、そこでも感情に基づく関係が関わってくる。

実は、この感情は目の前にあった。ケースの中ではなく、学生が討論する中にあったのだ。そこには信念、仮説、価値観と言った派生体があり、彼らが「事実」と言う時に、それらが事実を事実にしていた[38]。

図表４－４は次のようなことを示している。（Ａ）学生ｘが授業に遅れてきた。教授は、彼が自分の授業をつまらないと思ってそうしていると考える。しかし、（Ｂ）自分はよい授業をしているよい教師であると思っている。その気持ちを害されたとして彼は、学生ｘに憤慨する。（Ｃ）それゆえ教授は、学生が無礼な奴だと思う。そこで、（Ｄ）教授は、ドアに鍵をかけて閉め出し、学生を罰する。学生は、もう教授に対して何もできない。

このような偏見は、事実から目をそらせてしまう。こうした偏見、固定的な価値観や仮説からは適切な評価ができない。そこで適切な評価であるが、それは評価が正しいことを意味するものでもなければ評価が間違っていることを意味するものでもない。適切な評価とは、自分が評価していることに気づき、その評価が間違っていることを知った場合に訂正する可能性があることを意味する。それゆえ間違った評価は、訂正されることがないことを意味している。自分自身が評価していることに気づかなければ事実は事実である。

このことから言えるのは、他の人のケース・メソッドでは重要な事実は書かれたケースの中にあったのであり、討論の場にあったのではない。レスリスバーガーにとって事実は討論の場にあり、それゆえ彼は討論することを教えていた。それに対して他の人々は、書かれたケースを教えていた。このレスリスバーガーのケース・メソッドによる経営者教育の流れはその後後輩のロンバードから弟子のクリステンセンへと引き継がれ、ハーバード大学経営大学院の経営者教育の中核を成している。(39)

三　人間関係トレーニング

これまでレスリスバーガーのケース・メソッドについて見てきた。ところがレスリスバーガーは、この仕事を後輩のロンバードに譲り、自らは五一年から人間関係クリニックのコースを開いて五四年まで続けている。それは、一種の系統発生的脈絡で五段階に分けて教えられていた。彼自身がそれらを要約してくれているので以下みておこう。(40)

最初は「診断と調査の脈絡」である。この脈絡において訓練生は小規模作業集団で実際に生じている行動を観察し、診断し、記述しようと努力する。ここで彼は、その状況を変化させたり改善させたりする方法で活動に介入することはない。こうした活動から得られる産物は記述されたケースである。この脈絡は、分析的立場から現象を観察し、その現象について語ることと言ってよい。

次は「カウンセリングの脈絡」である。この脈絡において訓練生は、相手の人が自分の感情を表現することの手助けをし、彼の持っている問題に関連して、物事が彼自身にとってどのようになっているのかを表現できるようにする。言い換えれば、問題になっている人と話し合い、彼が状況に適応する手助けをすることである。そして「メンバーシップの脈絡」では、訓練生は、小規模作業集団のメンバーである。そこで彼は、作業集団の目標を達成するに当たって役に立つ集団のメンバーであろうとする。そのことによって、彼の行動は部分的に決定されるけれど、また同時にそれらを決定する要素ともなる。つまり、この脈絡では、権威を持つ人の下で集団に適応して活動する。

「リーダーシップの脈絡」では、訓練生は小集団のリーダーである。そして、これまでの脈絡で身につけた洞察力を公的な責任を負った立場で結果に対して責任を負って実践しようとする。つまり集団のメンバーを作業を遂行するように率いるのである。最後の「人格的脈絡」では、訓練生はカウンセラーではなくカウンセリングを受ける側である。そこで彼は、自分の感情を表現する機会を得る。つまり彼は、自分にとって物事がどのようになっているのかを言い表し、どうしてそれらが自分にとってそのようになっているのかを自ら理解する機会を持つ。その過程で彼は、自らの感情を認識し、それを取り扱うことがいかに困難なことであるかを知ることになる。これらのことが示すのは、集団を外部から学び、それに関して知識を持つ段階から、集団の中に入って本質的にそれらを学んで知る段階へと移行する過程である。そしてその活動の目的は、人が自分自身の問題をより良く理解し、その問題に関して何を行えばよいのか自分自身で意思決定する手助けをすることだ。この多様な状況を経験する訓練を通して得られる知識は社会的技能である。その技能は、このように具体的操作を伴い、具体的な結果や成果を生み出すものだ。

社会的技能が対象とするのは、単なる物質ではなく社会的現象である。人々は各々感情を持っており、人と人との関係は相互作用の形態を取ってくる。つまりそれは、感情と感情の相互作用である。そしてその中で関係の改善を求めて技能が使用される。そこで社会的技能は、他の人に関する自分の認識を修正するか改変できる能力と、改められた認識に基づいて反応する能力を含んでいる。それゆえ恣意的に人を操作することを意味するものではない。他の人について学び、その人に対する反応を改善しようとするものである。同時にその過程は、適切な反応をもってコミュニケーションをする過程でもある。また、相手が自分に伝えようとする考えや感情に耳を傾けることも意味する。このコミュニケーションの促進は、結局自分が相手を適切に認識できるようにし、同時に相手が自分を適切に認識できるようにするものである。

第四節　社会的技能の現代的意義

ホーソン・リサーチが行われたのは一九二〇年代である。それは、都市労働者が増加する社会的流動性の高い中で、社会的技能が重要であることを示していた。それは日本にも導入されたけれど、今日では過去のものとされてしまったように思われる。その状態は現在も基本的に同じと言ってよいであろう。それでは、人間関係論が格闘した社会的技能の問題は解決されたのであろうか。人間関係論以降出現してきた多くの研究領域は、それを解決し、そこからどれほど前に進んだのであろうか。場合によっては、同じ問題を器を変えて扱っているだけかもしれない。

そこで一般的な社会について考えてみよう。われわれは経験に基づいて論理的に思考する能力を社会的な生活の中で身につけてきている。社会的な経験を積むことによって、相手の人に対する応答の仕方を身につけるだけではなく、周囲の状況も適切に理解することができるようになる。このような理解を基礎にして、次には精緻な論理の形成も可能となる。そして、合理的な推理もできるようになり、自立した適切な判断も下せるようになる。つまり、現実に対して適切に対処することができるようになるのだ。ところが、この事が可能になるためには、子供は秩序ある安定した社会生活を送る必要がある。無視されていたり、社会的経験が不十分であったり、社会に不適応な状況にある人々は、それができず、強迫的になり、劣悪な論理を展開する傾向が強くなる。まさに、ハーバード大学の学生であった頃のレスリスバーガーがそうであった。

そのころ彼は、精神衰弱の状態にあったのである。つまり、「心理学的緊張の低下、実在に対して行動し実在を認識することを可能にする機能の減退、それに代わる懐疑、動揺、苦悩といった形での劣悪で誇張された活動の代用、そして以前の苦難を表現し同じ特性を持つものからそれらを想像させるような強迫化した観念によって特徴づけられる精神的抑鬱の一形態[41]」になっていたのだ。こうした人々は、悩むばかりで腰を据えて物事を把握することができず、結局適切に現状を認識することもできなくなる。それゆえ、適切に現実に対処することもできない。彼らは、多くの場合行動できない理由ばかりを探し出し、結果として不活発になる傾向が強い。このことはレスリスバーガーにのみ当てはまることではない。現在の多くの人にも当てはまることであろう。またこうした人が行う思索は、大なり小なり敵対的となる傾向が強い。それゆえ集団を形成したとしても、普通他の人や集団に対して敵対的になりやすい。もちろん、それとは反対に自虐的に思考する人もいる。極端な場合、それが自殺につながる。重要なことは、中庸が無いことだ。

学生時代の孤立したレスリスバーガーは、社会的技能に欠け、人と上手に付き合うことができなかった。現代社会はどうか。知識教育を進めて学歴社会を形成し、子供には遊ばず勉強することを求める。都市化の中で地域社会は風前の灯火である。この状況で秩序ある安定した社会生活は送れているのであろうか。もしそうでないとするならば、強迫的な人々が増加していることにもなろう。メイヨーは、「強迫症に関して典型的なのは、いわゆる『断絶』が興奮への転機であって、そしてそれ自体としては通常の状態にある患者のつかの間の激情以外の何物でもないということである[42]」と述べている。こうしたことは、「切れる」という言葉を日常会話に入れてしまった現代の社会にも当てはまるのではないか。遊び方も昔と異なり、同年代の数名で小さな集団を形成し、付き合うというよりもただ時間と空間を共にして個々別々にゲームをしているだけの子供たち。これで社会を経験していると言えるのであろうか。社会的技能はどこで身につけるのであろう。これらのことを考えると、人間関係論の再登板が求められるように思われる。

（杉山三七男）

注

（1）この章での歴史的記述内容は、レスリスバーガー自身が知的自伝と称しているこの最後の著作に大きく依拠している。そこで、ここではしばしばこの著作の参照先を細かく示すことなく記していることを承知願う。Roethlisberger, F. J., *The Elusive Phenomena: An Autobiographical Account of My Work in the Field of Organizational Behavior at the Harvard Business School*, Harvard University Press, 1977.

（2）Whitehead, A. N., *Science and the Modern World*, The Macmillan Company, 1925.（上田泰治・村上至孝訳『科学と近代世界』松籟社、一九八一年。）

（3）カウンセリングの活動に関してはその後も続けられ、最終的に次の成果として公にされることになる。Dickson, W. J. and F. J. Roethlisberger, *Counseling in an Organization, Division of Research*, Harvard Business School, 1966.

（4）ホーマンズは、アメリカの社会学の中心人物の一人で、交換理論の提唱者として位置づけられている。しかしその成果を公にする前に、小集団に見られる社会現象の中の斉一性を追求して成果を出している。そこではホーソン・リサーチの内容も活用されている。レスリスバーガーがここで評価しているのは先に公にされた後者である。いずれにしてもレスリスバーガーから見た彼は、帰納的推理から一般命題を出すところまで進めた理論に関する理想的な成功例である。Homans, G. C., *Social Behavior*, Harcourt Brace Jovanovich Inc., 1961.（橋本茂訳『社会行動』誠信書房、一九七八年）と *The Human Group*, Harcourt Brace & Co. Inc., 1950.（馬場明男・早川浩一訳『HUMAN GROUP』誠信書房、一九六九年。）

（5）ウォーナーは、一九四一年から六三年にわたるヤンキー・シティーの研究シリーズで名を馳せた。それは、労働者の生活を人類学的に研究するものであり、地域社会の成層構造を明らかにしている。始めた当初彼はハーバード大学に籍を置いていたがその後移動した。彼の立場は、心理学を基礎に持つ人間関係論と異なって人間の主観性を扱わない。Warner, W. L. and J. D. Low, *The Social System of the Modern Factory*, Yale University Press, 1947. 以降シリーズで著作が出されている。

（6）Roethlisberger, F. J. and W. J. Dickson, *Management and the Worker: Technical vs. Social Organization in an*

Industrial Plant, Harvard University Graduate Shool of Business Administration, 1934.

（7） Roethlisberger, F. J. and W. J. Dickson, *Management and the Worker: An Account of a Research Program Conducted by the Western Electric Company, Hawthorne Works, Chicago*, Harvard University Press, 1939.

（8） 進藤勝美は、著書『ホーソン・リサーチと人間関係論』（産業能率短期大学出版部、一九七八年）において、その第五章をこの著書と同じ「ホーソン・リサーチと人間関係論」と題して執筆し、レスリスバーガーが論文の形で示そうとしたこの努力を扱っている。Roethlisberger, F. J., "Human Relations: Rare, Medium, or Well-Done," in *Man-in-Organization*, The Belknap Press of Harvard University Press, 1968.

（9） Landsberger, H. A., *Hawthorne Revisited*, Cornel University, 1958.

（10） Roethlisberger, F. J., et al., *Training for Human Relatins*, Division of Research, Harvard Bubiness School, 1954. この著作は中間報告となっているが、その後技能教育に関する著作は出されていない。ここでは、後に人間関係トレーニングとして扱う。

（11） Gordon, R. A. and J. E. Howell, *Higher Education for Business*, Columbia Univercity Press, 1959.

（12） シンポジュウムの参加者の成果が著作として公にされている。Koontz, H. ed., *Toward a Unified Theory of Manegement*, McGraw-Hill Book Company, Inc., 1964.（鈴木英寿訳『経営の統一理論』ダイヤモンド社、一九六八年。）

（13） 成果の著作の副題は「予測研究」となっている。Zaleznik, A., C. R. Christencen and F. J. Roethlisberger, *The Motivation, Productivity, and Satisfaction of Woker: A Prediction Study*, Division of Research, Harvard Business School, 1958.（磯貝憲一・鎌田享・高地高司・伊東豊夫・寺崎実訳『生産者集団の行動と心理』白桃書房、一九六五年。）

（14） Lawrence, P. R. and W. Lorsch, *Organization and Environment*, Harbard University Press.（吉田博訳『組織の条件適応理論』産業能率大学出版部、一九七七年。）

（15） レスリスバーガーは、自著の第二章でホーソン実験を簡潔にまとめている。ここではそれを基礎にホーソン実験を簡潔に紹介しておく。Roethlisuberger, F. J., *Management and Morale*, Harvard Univercity Press, 1941.（野田一夫・川村欣也訳『経営と勤労意欲』ダイヤモンド社、一九六九年。）なお進藤勝美は、*Management and the Worker* に従ってホーソン実験の細部まで紹介している。『ホーソン・リサーチと人間関係論』の第二章から第四章までを参照。

（16）Roethlisberger, *Management and Morale*, p. 21.（同上訳書、二四頁。）

（17）ホワイトヘッドのその当時の著作は、Whitehead, T. N., *Leadership in a Free Society*, Harvard University Press, 1936. と *The Industrial Worker*, Harvard University Press, 1938.

（18）Roethlisberger, *Management and the Worker*, p. 565. なお、ここでシステムの概念が使用されているが、レスリスバーガーは、システム内の諸変数の相互依存性をもって代替的にシステムの定義とするとしている。*Ibid.*, p. 551.

（19）Roethlisberger, "The Foreman: Master and Victim of Double Talk," in *Man-in-Organization*.

（20）Zaleznik, A., *Human Dilemmas of Leadership*, Harper & Row, 1966.（北野利信訳『経営の人間問題』評論社、一九六八年。）

（21）Roethlisberger, F. J., *Man-in-Organization*, p. 262.

（22）Roethlisberger, F. J. and Dickson, W. J., *Management and the Worker*, Harvard University Graduate School of Business School, 1934.

（23）Roethlisberger, *Man-in-Organization*, p. 263.

（24）Roethlisberger, *Management and the Worker*, p. 282.

（25）Roethlisberger, *Man-in-Organization*, p. 59.

（26）*Ibid.*, p. 83.

（27）*Ibid.*, p. 391.

（28）藻利重隆『経営学の基礎』森山書店、一九五六年。同『労務管理の経営学』千倉書房、一九五八年。

（29）雲嶋良雄『経営管理学の生成』同文舘出版、一九六四年。

（30）名取純一『経営のＨ・Ｒ』早稲田大学出版部、一九六〇年。

（31）尾高邦雄『日本の経営』中央公論社、一九五五年、一四八頁。

（32）村本芳郎『ケース・メソッド経営教育論』文眞堂、一九八二年。坂井正廣『人間・組織・管理』文眞堂、一九七九年。

（33）進藤勝美は、『ホーソン・リサーチと人間関係論』の第一部「ホーソン・リサーチ研究」において、調査内容にまで踏み込んでホーソン・リサーチを紹介している。

（34）大橋昭一・竹林浩志『ホーソン実験の研究』同文舘出版、二〇〇八年。

（35）レスリスバーガーは、カウンセリング活動で見出された斉一性を以下の五つにまとめている。Roethlisberger, *The Elusive Phenomena*, pp. 39–42.

（36）*Ibid*., p. 40.

（37）*Ibid*., p. 127.

（38）*Ibid*., p. 133.

（39）その成果が、著作となっている。Barnes, L. B., R. Christensen and A. J. Hansen, *Teaching and the Case Method*, Harvard Business School Press, 1994.（高木晴夫訳『ケース・メソッド　実践原理』ダイヤモンド社、一九九七年。）

（40）ここでは Roethlisberger, *The Elusive Phenomena*, pp. 219–220. を参照している。行動を共にしているザレズニックも、関連した成果を出している。Zaleznik, *Foreman Training in a Growing Enterprise*, Harvard Graduate School of Business Administration, 1951.

（41）レスリスバーガーは、精神衰弱をジャネから引用してこのように述べている。Roethlisberger, *Man-in-Organization*, p. 4.

（42）Mayo, G. E., *Some Note on the Psychology of Pierre Janet*, Harvard University Press, 1948, p. 85.

第五章　その後の人間関係論

――系譜と行方――

第一節　経営学史上における人間関係論

人間関係論の登場は、二〇世紀初頭のアメリカの時代背景に鑑みると実にタイムリーであったために一種の流行現象ともなった。それだけに、その経営学史的意義はバーナード理論同様に経営学の対経済学レーゾンデートル確保の礎となったと言っても良いほどに重いのであるが、看過されやすい。

一　科学的管理法のアンチテーゼ

ホーソン・リサーチは、当初から人間関係論という概念的枠組が確立された後になされた仮説検証型の臨床実験というものではなく、あくまで科学的管理法を有効に遂行するための産業心理学的（労働者の選抜・訓練・動機づけの方法改善のための）仮説発見型の臨床実験であった。科学的管理法はその徹底した合理化に基づいた組織観および人間観であったことから、労働組合などからさまざまな批判を浴びることとなる。時あたかもアメリカは、鉄鋼・石油・繊維などの産業で寡占化が進み、各企業が巨大工場設備・大量生産体制に取り組んだ急速な経済発展の状況下にあった。それに伴って、多数の半熟練、未熟練労働者の出現によって、彼らのモラールの低下や無断欠勤などの諸問題が引き起こされた時代であった。そうした中で管理技術論的研究は次第に、その理論的限界が浮かび上がってゆき、その実践技術的な有効性についての疑問も一般化していった。そのような批判のなかから、心理学、社会学、文化人類学をはじめとする人間行動を扱う諸学問領域から有効な概念を導入し、個人、集団、組織、社会など、さまざまなレベルでの人間行動について学際的な研究、即ち「行動科学」(behavioral science)的研究と総称される研究領域が生まれたのである。第二次世界大戦後、この研究の流れはやがてアメリカ経営学のもう一方の主流をなし、そこから多種の研究の流れを派生させることになる(本章第二、三節)。行動科学は経験的に有意な人間仮説(観)の創造を目指し、それに基づいて実用性の高い管理職能や技法の開発に取り組む、新しい傾向の研究であった。自ずとそれは、科学的管理法の理論前提たる、伝統的な合理主義的組織観や経済人モデルが支配的な人間観と衝突し、その修正を迫ることになる。そして、アメリカ経営学界における行動科学的研究の始まりとなるのが、本書の諸章でも指摘されているように、メイヨーを代表者とするハーバード大学研究者グループの臨床実験的研究に基づく人間関係論なのである。

企業の労働問題にたいする心理学的研究は、萌芽的なものはすでに古くからあった。初期の心理学的研究は、第一次世界大戦中に軍に動員された心理学者が軍隊組織向けに考案した選抜、教育訓練、配置および任命・昇進のための評価などの心理学的テストの技法に端を発し、「その内容は、もっぱら特定作業に最適の心的能力を有する人間を発見するために、個々人の心理的特性を、彼ら自身の全人格からきりはなしてテストし測定する技法の考案と、それの利用という……きわめて実用主義的・方策論的なものであった」[1]。ホーソン・リサーチも当初は、そのような初期の心理学的な研究の流れに位置するものであった。

人間関係論が心理学ないし人類学的方法を研究方法として採用していることは、公式組織を射程の外に置き、非公式な集団を形成させる人間行動の内的・心理的要因の重要性を強調していることから明白である。それは、一九二〇年代の産業合理化に必然的に伴う労働強化が進む中で、いかにすれば従業員のモラールを維持強化することができるかということを研究テーマとしていたからである。それが、人間関係論構築のモメントとしてスポットライトを浴びることになったのは、研究グループたちが、労働者の「作業能率」を労働者の「生理や心理、あるいは外部の物的作業条件」の関数と認識するだけでは不十分で、初期の心理学的研究にはみられなかった新しい仮説的命題、即ち職場集団の「全体的情況」(total situation) こそが労働者の作業能率を左右する決定的に重要な要因である、とする画期的理解に到達し得たからである。巨額の費用と数千時間もの人力を投入したホーソン・リサーチは、物的作業条件と作業能率との関係を究明し、能率増進の方法を発見することを目的として始められたにも関わらず、インフォーマルな社会的集団の存在と、そこで作用しているところの、成員の行動や生産高を規制する集団の掟ないし規範を起因とする影響力の強さを検出したのである。

周知のように、このホーソン・リサーチの全容が書物*Management and the Worker*として公にされたのは大恐慌以降の、アメリカ資本主義が破局的な危機に見舞われた時期の一九三九年である。初期の心理学的研究が盛んな二〇年代とは異なり、いわゆる労働不安、社会不安が深刻なものとなっていた。こうしたアメリカ資本主義体制の危機とも言われる中で、寡占企業は、必然的に企業組織の維持問題を重視し、そういった企業組織問題の中核となった「自発的協働」(spontaneous collaboration)関係を形成し維持していく問題に本格的に取り組む姿勢を見せ始めたのであった。ホーソン・リサーチの調査員たちも、労働者の作業能率と労働者の生理や心理、あるいは外部の物的作業条件との因果関係が検証されなかった実験結果から仮説的推論を試みたのである。そこから重要な組織の説明概念、即ち「非公式組織(informal organization)」が発見されるに至る。

人間関係論は、企業に代表される集団、組織の中の人間の行動、およびその諸関係、特に意識的に形成された公式組織(formal organization)において独自に、かつ自然発生的に形成されるインフォーマルな社会的集団の発生要因、それの構造的特徴並びに、それが作業能率に及ぼす影響などを主要な研究テーマとして扱う。そのことは、そのような人間の行動、それの諸関係が、公式組織の枠組にインパクトを与え、公式組織の修正すらせざるを得ない情況を重視することを意味し、「公式組織→非公式組織」方向の影響力とは逆の「公式組織←非公式組織」方向の影響力に理論的・実践的焦点を定めた。

ちなみに、ホーソン・リサーチの臨床的研究から導き出された人間観は、当然のことながら経済的誘因によって合理的に行動する人間に対抗する。それは、かのバンク配線作業観察において検出された、集団の成員としてその集団の暗黙のルールを大事にする人間観、即ち「社会人」である。公式組織における論理的行動に対して、非公式組織影響下の人間の非論理的行動（自己の所属する集団の規範・慣習に従おうとする行動様式）を組織の説明概念に加えたことは、経営学史的な大貢献に値する。可視性の低い非公式組織は、企業が公式組織に関わる合理的な諸施策を遂行する場合、決して無視してはならない重い存在で、「フォーマル施策の成功には、実はインフォーマルな働きかけが不可欠」という視角を提供したことこそが人間関係論が築いた最重要な視座だと言える。

二　批判と動機づけ理論、リーダーシップ論、人事管理理論への昇華

今日、人間関係論は経営学史上は「前期人間関係論」と「後期人間関係論」[2]（本章四）とに線引きされ、「人間関係論」と言った場合は通常、前者を指す。ホーソン・リサーチに端を発する前期人間関係論は、第二次世界大戦後に目覚しい展開を遂げたリーダーシップ論や動機づけ論を中核とした後期人間関係論とに昇華していくと学史的にみなされる。人間関係論者たちの見解は実に多様で、かつ前期と後期とでは理論的に思いのほか質的断層のある展開を示すことになる。一九五〇年代になると、人間関係論という語に取って代わって行動科学という語が多用されるようになるし、レスリスバーガーが一九五七年、教鞭を取るハーバード大学における授業科目名を「組織行動論

（Organizational Behavior）」としたことなどは、その証左である（本章四）。

したがって、人間関係論的な彩りの人事政策や管理方式がその後一世を風靡したことからも、企業現場における人間関係論の実用的価値はいささかも衰えることはなかったのであるが、経営学の理論化という点では、少なからず問題点を残しており、いくつかの批判を招くこととなる。その代表的なものは、イデオロギー的批判、非公式組織の過度な強調、「社会人」仮説および人間の動機づけに関する疑問などである。これらが、後期人間関係論と呼ばれる学派に発展するモメントとなった（本章四）。人間の感情的側面にまで介入する管理方式は、果たして、人間操作に結びつく思想に連なるものではないか。その意味で、企業がおかれた資本主義体制擁護の理論だとされる指摘も受けなければならなかった。

前期人間関係論の論理が生産手段の所有関係に規定される生産関係（人間関係・階級関係）をその理論的体系から除外し、人間行動の感情的・非論理的側面を過度に強調したことがかえって、社会的技能によって職場労働者の動機づけを図るというよりも、「集団に属するかぎり各人がそれを行動基準としなければならない集団感情を、意識的・計画的に統制し、人々の『服従の自発性』を喚起しようとする人間操縦論にほかならない(3)」と突っ込まれる羽目となった。前期人間関係論のこのような性格に対しては、アメリカの経営学者や産業社会学者たちからも多くの批判が浴びせられ、またその批判内容も極めて多種にわたっている(4)。人間操縦論では、人間関係上の問題の根本的解決にはつながらない。それは、一世を風靡した人間関係論的な人事諸施策や管理方式などが「ニコポン（〃上司がニコッと笑って部下の肩をポンと叩く〟などというところから）管理」などと揶揄された日本[5]においても当てはまる批判の一つである。かのドラッカーも一九五四年の不朽の名著 *The Practice of Management* の中で、「メイヨーが唱えた従業員の心理を動かそうとした試みは、トップダウン型経営を取り繕ったものに過ぎない」という趣旨の、人間関係論の正当性に対する批判を放っている。[6]

また非公式組織を強調する割には、公式組織の考察が不十分であることは否めず、[7]後者については伝統的組織論を踏襲していたとも言える。前期人間関係論は、公式組織を所与のものとし、自然かつ必然的に発生する非公式組織の重要性を一面的に強調したために、人間行動の感情的・非論理的側面を重視する反面、経営組織に本来的な論理的・合理的な側面を軽視するという偏向に陥っていることは否めない。いかに非公式組織の重要性を認めるにしても、労働者の労働生活の中心は公式組織であることは疑いようのない事実である。非公式組織が公式組織とどのような関わりを持つのか、前者は後者のアクセルなのかブレーキなのか、が問題となる。[8]

ただし、以上のような批判はあるものの、人間関係論の意義を正しく捉えようとするのならば、人間関係論は科学的管理法に基づく合理化のレジスタンスになるどころか、むしろ合理化推進に必要なものである、という理解が重要である。公式組織と非公式組織の相互関連性を追及した経営組織の全体系解明の鍵は、バーナードの組織概念にも注入されたと思われる「自発的協力」にあろう。[9]

斯界の権威、吉原正彦の研究に拠れば、バーナードは *The Functions of the Executive*（1938）の基となるローウェル講義の準備以前にホーソン・リサーチを熟知していたと言われ、それを十分意識した上で人間関係論の限界、即ち「ホーソン・リサーチで発見した非公式組織の強調と、その反動としての大規模組織への軽視の傾向[10]」を超える理論として「公式組織の社会学」を構築したとされる。[11]また、ドラッカー提唱の「目標による管理（management by objectives：ＭＢＯ）」が理論的にも、実践的にも今なお強い影響力を保っているのも、「企業の目標に沿って明快なゴールをメンバーが自ら設定すると、上から心理操作などしなくてもメンバーは自律性を持って自己管理できる」といった心理学的、哲学的深みを備えているからである。[12]

組織の関心がフォーマルな側面からインフォーマルな側面へとシフトし、それによって経営学が企業経済論としてのミクロ経済学の方向を辿ることなく独自の方向を模索するモメントとなったことは、経営学が紀元前・後と線引きできるほどに大きい。それは、わが国で先駆的に人間関係論を議論の対象に取り上げた馬場敬治も当時すでに、「Mayo 一派の学者が、……従来の米国の経営学の内容に比べて一進歩といえるが、然し、経営組織における人間関係の問題に対するその研究は、……その一部分に限られている嫌いがある[13]」と批判しつつも、「人間の行動において社会的情感にもとづく非論理的行動の側面がなお濃厚なこと、且また、此の側面が今後容易に消滅しないし消滅するものでもないことも否定できない[14]」として評価していることからも窺えよう。

「人間関係論が目の前にいなければ、はたしてバーナードは、あそこまでの組織論を著し得たであろうか[15]」。経営学のアイデンティティー確立の礎となって、さらに動機づけ理論、リーダーシップ論（本章二）、人事管理論（本章三）へと姿を変えて受け継がれることになる人間関係論が、「管理思想の転機軸[16]」とも評価されるゆえんである。

（辻村　宏和）

第二節　リーダーシップ論の展開

一　リーダーシップ研究における人間関係論的視点

リーダーシップは、研究の方法や対象、領域の相違からさまざまに定義されているが、多くは、目標達成に向けた集団活動における双方向的な影響過程とみる。このうち、対人的な影響関係への関心には人間関係論が影響している。

人間関係論は、成員の行動や生産に影響する要因として、非公式な社会的集団における人間関係を重視するものであった。ホーソン・リサーチの結果が提起した諸問題に刺激され、経営学に隣接する他の学問分野でも生産性の問題についての研究がなされた[17]。こうした研究の体系化には、レヴィンが創始したグループ・ダイナミックス[18]が大きく貢献している。ホーソン・リサーチ以降に適用されていた人事相談制度、リーダーシップ訓練といった人間関係の技術問題は、レヴィン以降、リーダーの行動、勤労意欲、意思決定に対する集団の参加等として、科学的方法に基づいた実験研究によって明らかにされてゆく。

一九五〇年代以降、リーダーの行動パターンという観点からのリーダーシップ研究がすすんだ（行動アプローチ）。このアプローチによれば、リーダーシップとは「集団の目標達成のためにリーダーがフォロアーに対して及ぼす意図的な影響行動」[19]である。代表的なリーダーシップ研究として、オハイオ研究、ミシガン研究、マネジリアルグリッド理論、ＰＭ理論等があり、各々の研究においてリーダーの意図的な影響行動を「人」と「仕事」という二次元で識別したリーダーシップ論が展開された。

これらの中でも、リッカート（R. Likert）が構築した経営管理とリーダーシップの理論は、グループ・ダイナミックスの集団研究、リーダーシップ研究を経営学として展開させたもので[20]、組織の生産性の観点からシステムズ・アプローチを駆使した体系的かつ実践的な集団管理システム（システム四）を示す。それは、仕事の遂行過程で個人の自己実現欲求を満たす組織づくりが個人を活かし、組織生産性も高める最善の方法だという人間関係論的な主張を、集団における具体的な人間管理のモデルとして提示したものだ。経営学史的にも重要な意義をもつだろう。

以下では、レヴィンの理論体系とリッカートのリーダーシップ論とに焦点を当てて、人間関係論後のリーダーシップ論の展開を考察することにしたい。

二　グループ・ダイナミックスの創始―集団理論の科学的土台―

（一）「場」の概念と集団理論

ベルリン大学でゲシュタルト心理学を学んだレヴィンは、あるものの全体はその部分の集計ではなく、まとまりのある全体即ちゲシュタルトとしてとらえなければならないと考えていた[21]。さらに彼は、共在する諸事実の全体から生じる人間の動機づけと行動のダイナミックな性質を探求するには、その源泉となるエネルギーについての科学的知識を必要とするとも考えた。

個人と当該個人が主観的に認識した環境との間に、どのような力が働いて行動が生じるのか。この問いに答えようとするとき、個人の内部にある緊張体系と個人の周囲の「場（field）」から発せられる圧力とを同時に語る必要がある。「緊張」とは、目標達成のために活動を起こす準備状態を意味し、欲求や欠乏という心的事象を生じさせるエネルギーとなる。他方、刺激や瞬間的な知覚は、緊張の結果生じるエネルギーの方向を統制する外的な「場」の力として作用する。「場」とは、相互に依存している事実の全体であり、「生活空間（life space）」でもある。したがって、行動は個人と環境との関数で示され、一定の単位時間の場＝生活空間における変化としてとらえられる。このような、全体現象を論理的に分析し科学的構成概念を樹立する方法として最もよく特徴づけられる「場」の理論（field theory）[22]は、特定領域の理論を超えて、広く社会科学における研究法として浸透する。

一九三三年、ナチスのユダヤ人迫害によりアメリカに亡命したレヴィンは、アイオワ大学でこの経験から民主的なリーダーシップ、個人や集団の効果的な成長問題などに関心を深めてゆく[23]。それに伴い、彼の研究対象は個人の行動それ自体から集団における人間行動の諸問題へと拡大していった。

レヴィンによれば、誰もがもつ「生活空間」の中の最も重要な要素はその人が所属する社会集団（social group）である。集団とは社会学的全体であって、全体の統一性は、その諸部分の相互依存性によって操作的に定義される。[24] この社会集団が成員の知覚や感情、行動の基礎であり、個人の生活の流れを決定する。レヴィンは、この緊密で力動的な個人と集団の相互依存関係が「場」の概念によって、より説得裏に分析できることを示した。このような集団記述のために、レヴィンは「トポロジー（topology）[25]」によって心理学的力を表示するという方法を示した。トポロジーとは、個人の生活空間のパターンを決定し、当該生活空間の中にある諸活動領域、人および人々の集団が相互に保持している相対的な位置を決定するために用いられる概念である。人の位置や行動が社会的な性質を有する場合にも、生活空間や領域の内部に位置、方向、距離を決定することができる。

（二）民主的リーダーシップとグループ・ダイナミックスの創始

レヴィン独自の場の理論を構成する「緊張体系」、「場」の概念、「トポロジー」概念による心理学的力の表示方法の確立は、集団現象に関する多くの実験的研究の可能性を開いた。その中でも、集団の作業成績とリーダーシップの関係を探求する初めての実験的研究が、リーダーシップスタイルと集団の雰囲気についてのリピット（R. Lippit）およびホワイト（R. White）との共同研究であった。[26] この研究は、一九三七年～四〇年にかけてアイオワ児童福祉研究所で行われ、一〇歳の少年たちを対象にした五人ずつの集団において、集団のリーダーが①民主的、②専制的、③放任的な役割を演じてそれぞれの集団の雰囲気を作りだし、少年たちと集団の行動の変化を観察したものである。

①の主な特徴は、少年たちに知識とともに、刻々と変化していく要求と関心に応じて適切な瞬間に「指導的な助言」や「例示による示唆」を与えることである。また、集団決定、多数決、自由討

議、無記名投票といった民主的な手続を教えることで、民主的な自主性の促進を図っていた。②では、直接的な指図や命令形式の発言により目標や方法を高度に統制した。また、成員の表明した希望や現に行っている行動を遮って、リーダーの希望通りにさせる「ぶちこわし的な要求」や、成員の意向に反した「客観的でない批判と賞讃」を与えた。③でのリーダーの行動は、求められた際に技術的な知識を与えることにほぼ限定されていた。個人差が結果に影響しないように、リーダーは六週間ごとに担当集団を交代し、担当切り替えと同時にリーダーシップの型を変更するようにした。

その結果、②では、リーダーへの依存的な言動と他のメンバーへの敵対および攻撃行動が多かったが、①では②や③に比べて友好的で仲間意識が強く、成員同士の協力が必要な作業には、自発的に集合し長期間の協力関係を維持していた。また、①に比べて③での仕事の出来栄えはよくなかった。

これらをうけて、集団の雰囲気の決定因子はリーダーシップにあり、集団のコンフリクト解決には、訓練された民主的リーダーシップと民主的集団構造が必要であることが示唆された。

一九四〇年代以降、レヴィンの研究は集団過程や集団生活の全体性へと展開し、一九四四年には、マサチューセッツ工科大学（ＭＩＴ）で集団力学センターを設立して集団力学や実験社会心理学の諸研究に着手した。集団指導やリーダーシップのあり方、集団的雰囲気の形成、集団の意思決定といった諸問題は、レヴィン以前は方法的吟味を欠いた経験からの教訓であったが、レヴィン以降はさまざまな力の集合形態としての集団および上記諸問題を科学的に探求できるようになった。レヴィンのこのような研究成果が経営学においてどのように展開されたのだろうか。

三　集団マネジメントと参加的リーダーシップ――リッカート理論を基に――

レヴィンのグループ・ダイナミックスによる集団研究と、ミシガン大学の社会調査研究所（ＩＳＲ）のリーダーシップ研究をもとに集団参加型のマネジメントを提唱したのが、リッカートである。

リッカートは、一九四七年に設立したＩＳＲを設立した後、レヴィンがＭＩＴに創始した集団力学研究所を四八年に併合し、多岐にわたる産業や、病院、政府機関で監督者のリーダーシップと業績の関係を調査した。そこで行われた管理システムの実証的研究と監督者のリーダーシップ・パターンの調査研究は、一般にミシガン研究といわれる。リッカート理論は、グループ・ダイナミックス以来の注意深い観察、数量化と測定および実験化に依拠したこれらの調査研究を基に生まれた。彼の理論は、個別のリーダーシップや動機づけ研究というより、全体としての管理システム理論といえる。それを念頭におきつつ、以下では本節の目的に照らしリーダーシップ論に焦点を絞って論及する。

（一）支持的関係の原則

リッカートは、「企業とは本来、高い動機づけをもった人々によって、しっかりと結合され、相互の統整がよく行われている組織である[27]」という認識の下、実証科学的な経営管理・人間管理を目指した。このような人間観や企業観を前提に、一九六一年の著作で彼が示した「マネジメントの新しいパターン（new patterns of management）」とはどのようなものだったのか。彼によれば、高度に動機づけられた生産性の高い協同的社会システムでは、管理者において「支持的関係の原則（the principle of supportive relationships）」という一般的原則に依拠した「従業員中心」の監督行動がとられている。この原則は、「組織のリーダーシップならびにその他の過程は、各成員が自分の背景、価値、期待から組織内のすべての相互作用と関係を支持的なものとみなし、さらに個人の価値と重要性が認められたという意識をつくりあげ、その維持を最大限に確保するものでなければならない[28]」と要約できる。支持的関係のある集団では、成員から見て自己の目標や欲求の実現が促進され集団内での信頼関係が築かれる。その結果、成員に組織目標達成のための協同的行動を起こさせる動機力が生じるのである。

（二）集団重視のマネジメントと集団的管理方式におけるリーダーシップ

支持的関係の原則に内在する個人的価値を維持したいという個人の願望は、所属する集団からの反応によって最もよく満たされるという[29]。管理者は、集団に支持的関係の原則を適用し成員の自我動機を充足させることで、成員の能力をうまく活用できるのである。支持的関係の原則から派生した生産性の高い対面的集団は、「高度に効率的な集団（highly effective group）[30]」とよばれ、リッカート理論において重要である。高度に効率的な集団は、相互作用—影響システムを発達させており、その集団機能は各状況に応じてリーダーや成員によって遂行される。

もっとも、自己実現欲求や個人的価値は、必ずしも集団によってのみ満たされるわけではない。それらは、成員の職務内容を見直し再構成することで、より直接的に満たされうる。リッカートは、支持的関係の原則と個人的価値の実現から集団マネジメントの重要性を導く一方で、高度に効率的な集団の成員として監督する方が、対個人として監督するより成員の能力を活用できることを繰り返し強調する。リッカートが組織の業績との関係で最重要視していたのは、支持的関係の原則というよりむしろ集団過程そのものである。この点は、彼が集団機能に関するレヴィンの理論的分析の影響を受けていることを示唆しており、きわめて興味深い。

集団管理の過程は、集団による目標設定、問題解決、結果の検討の過程としてとらえられるが、各過程で重要になるのは現在直面している事柄に対する意思決定である。成員は意思決定過程において討議すべき問題を提出できるが、集団内の特定の個人や特定部門のみの利益としてではなく、集団全体の立場から支持的雰囲気の中で討議され、集団としての意思決定がなされる。このような集団的意思決定では、情報が活発かつ正確に伝達されるようになり、意思決定過程にかかわることで、決定されたことを実行し集団の目標を達成しようという強い動機づけを成員にもたらす。グループ・ダイナミックスは、民主的リーダーシップの重要性と決定における成員の参加を強調していたが、リッカート理論においても支持的関係の原則や集団的意思決定が同様に重視されている。ここにリーダーは、「従業員中心の監督者」から「集団中心の監督者」となるのである。(31)

(三) 連結ピン機能としてのリーダーシップとシステム四

リッカートによれば、リーダーの本来的責任は、コミュニケーションが双方向に行われるようにその作業集団を組織の他部門へ結びつけることである。(32) 集団は、複数の集団に重複的に所属する成員を介して一つの全体組織へと統合される。(33) 各作業集団は、複数の集団に属している「連結ピン(linking pin)(34)」と称される特定のメンバーを通して他の作業集団と密接に連結されており、縦横のコミュニ

図表 5-1　組織の重複的集団形式

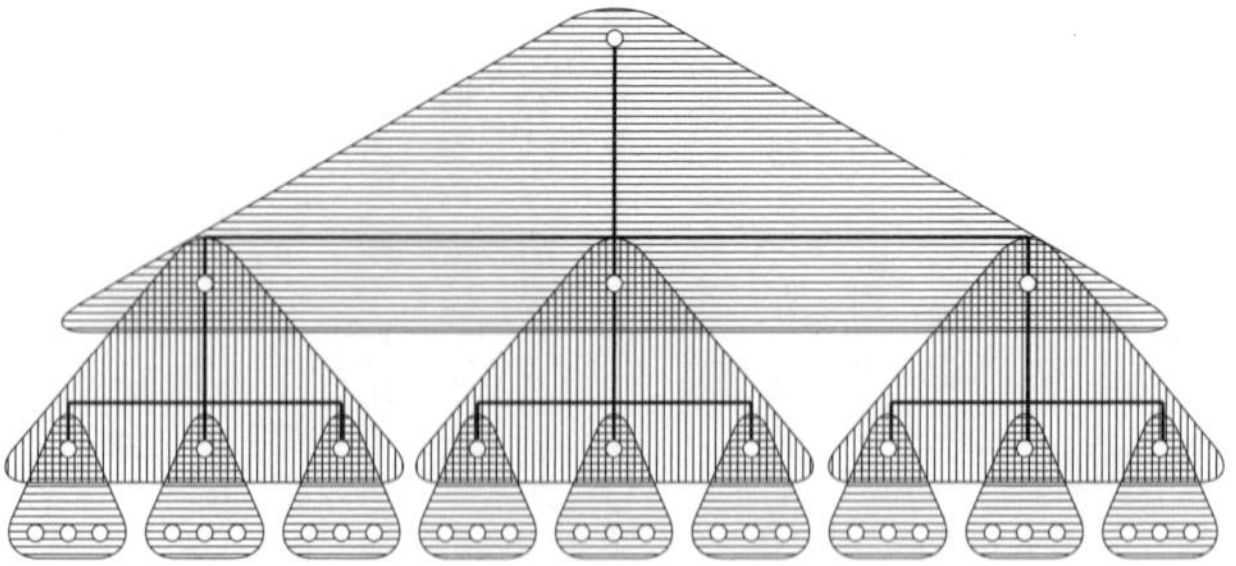

出所：Likert, R. (a), 1961, p. 105.

ケーションを通じて情報が伝達される。連結ピンと称される成員は、各作業集団間に情報の流れを与え双方向的な影響過程を作出することで、各作業集団を組織に統合する役割を果たす。このように、組織は連結された多元重複集団と捉えられるというのがリッカートの組織認識であった（図表5－1）。

集団的意思決定では最終的に意見の一致が目指されるが、個人と集団、全体組織の目標の間にはコンフリクトが存在するのが通常である。この場合、ウィン＝ルーズ抗争に陥るか、創造的な解決を見出すかは、当該集団でのリーダーシップに大きく影響される。連結ピンは、自分がそのメンバーである二つ以上の集団間の問題解決を調整し、相異なる集団が両立しうるような解決策に到達させることを本質的役割とする[35]。

以上のように、リッカートは、支持的関係の原則、高度に効率的な集団、組織の重複的集団形態、連結ピン等の基本概念を基にした参加的・集団的管理の理論を展開していった。

さらにリッカートは、「企業のもつシステム的性格[36]」から、経営組織を、原因変数、媒介変数、結果変数で表せるシステムと把握した。ここに彼は、組織内部個々の設計に終らない複数のマネジメント施策の一貫性を主張する。また、三変数からなる経営組織を管理するシステムの類型として、①独善的専制型（システム一）、②温情的専制型（システム二）、③相談型（システム三）、④集団参画型（システム四）という四類型を挙げた上で、システム四を最も優れた経営管理方式だとした。システム四は、支持的関係の原則、集団的意思決定、高い業績目標の設定という三つの基本概念をもつが、集団的意思決定において重要な機能を果たしているのが連結ピンとしてのリーダーシップなのである。

四　リッカートのリーダーシップ論における学史的意義と現代的意義

（一）学史的意義

人間関係論は、対人関係・仲間意識とそこに生じる規範や共通の目標をもつ集団過程が組織に強く影響し、しかも正負にはたらくことを明らかにした。もっとも、人間関係論者の社会集団理解は必ずしも十分ではなかった[37]。バンク配線作業観察室において、人類学者の助言を得て集団に注目したとはいえ、ほぼ同時代に提唱されていたグループ・ダイナミックスによる動態的理解を欠いていた。また、人間関係論において公式組織は非公式組織と対置され、非公式組織が組織の生産性に及ぼす影響が考察の中心的な対象となっていた。しかし、非公式組織は公式組織があってはじめて生成する以上、非公式組織を中心にして経営組織論を展開するのには限界がある。

以上のような人間関係論の経営学史上の貢献を生かし、不十分な集団理解と非公式組織に偏った問題点を克服しようとしたのがリッカートであった。彼は、まず全体性の概念的表現であるレヴィンの「場」の概念に注目し、「場」の理論を集団理論へと展開したグループ・ダイナミックスを経営学に導入する。そして、実験に裏付けられた集団研究と集団におけるリーダーシップ研究を展開させた。

レヴィンは、民主的リーダーシップの有効性を主張していたが、リッカートもまた、組織の生産性向上を個人的価値と自己実現によって実現すべく、小集団を管理単位とした管理における集団方式を提唱した。しかし、リッカートはレヴィンの主張の単なる経営学版ではない。レヴィンの研究関心の変遷とリッカートの小集団重視によって両者の主張は近づくが、経営管理では、大規模経営組織の管理にも適用可能な理論の構築が必要である。そこで重要になるのが、「連結ピン」概念であった。

ここにリッカートは、集団の高い動機づけを引き出す作業集団におけるリーダーシップと、集団と組織目的を統合する連結ピンとして働くリーダーシップとを組織における管理システムの中に再構築した。これは、非公式組織重視の人間関係論に欠けていた、組織の相互に作用する影響ネットワーク構造に注目することによって非公式組織を公式組織に統合させ、そこでのリーダーシップの役割を明らかにしたものだった。リッカート理論は、人間関係論が見出した非公式組織の力を集団概念とリーダーシップ概念を通して活性化させて、人間関係論を公式組織の視座から再展開したともいえよう。

（二）現代的意義

リッカート理論の示す管理の一般原則はその後、コンティンジェンシー・アプローチによって批判されることとなった。その一部は当っているが、コンティンジェンシー・アプローチによる普遍性批判の限界は、各研究の理論次元の違いと理論領域を考慮していないことだ。リッカートが集団管理と参加的リーダーシップを問うたのは、具体的な文化や技術の違いに焦点を当てたコンティンジェンシー理論の批判レベルより抽象度が高い。また、操作不能な原因変数である環境要因を無視しているという指摘は、理論対象を超えている。コンティンジェンシー理論の普遍理論への批判と矛盾するものであり、全てを対象とする理論はないという自らの批判論理が反論として投げ返されるのである。

コンティンジェンシー・アプローチの批判にもかかわらず、リッカートの示した「集団マネジメント」、「参加的リーダーシップ」そして「連結ピン」概念は、今日の経営理論に深く浸透している。もっとも、アメリカでの経営実践においては、個々の労働者の職務記述書に決められた作業に対して定額の賃金が支払われるという従来通りの経営の流れが変わることはなかった。しかし、このことから直ちに、集団マネジメントにおける参加的リーダーシップの実践性を否定することはできない。

現代的意義として第一に、リッカートは小集団におけるリーダーシップスタイルの研究から、従業員の意思決定参画が集団における生産性の向上や業績改善をもたらすことを明らかにした。これは参加型の自律的作業集団が形成された結果であり、単なる従業員のモラール高揚以上の従業員の能力活用を示唆している。これに関連して、一九七〇年代の日本の製造業では、いわゆるＱＣサークルに代表されるような小集団活動が盛んになった。それは、小集団のメカニズムを基盤として品質管理がなされていたものであり、集団マネジメントと参加型リーダーシップ、連結ピンがうまく機能する条件が、日本企業で展開された小集団活動に備わっていたと考えられる。

第二に、研究対象として究明されるべき集団諸現象から析出された「参加型リーダーシップ」概念や「連結ピン」概念は、それらがいったん説明力を有すると、当該理論の単なる分析対象にとどまらず、対人関係や集団、そして組織との関係を分析する分析道具として機能するようになる。とりわけ、「連結ピン」概念は、リッカートの研究範囲を超えて、今日における組織全体の管理システムの説明に欠かせないものになっている。その意味でも、リッカートの理論と概念の現代的意義は大きい。

（庭本　佳子）

第三節　人事管理論の展開

アメリカにおいて人事管理は科学的管理法を中心とした「作業の管理」から労働者の問題へと派生し形成されていく。作業の管理の観点では労働者は機械と同一視されていた。しかし、人間性疎外や非人間化が問題となり労働者観の修正および科学的管理法の補強を行う産業心理学の考え方が発展する。後に、産業心理学は科学的管理法の「科学」の不十分さ、労働者の人間的側面への配慮の欠如を批判し、経営における人的要素の重要性を取り上げアメリカでの人事管理論が成立する。そこでの人事管理論は労働力管理と捉えられ、労働力管理の課題は労働力の能率的利用である。(38)

このように、アメリカで人事管理は問題となってくるわけだが、人事管理論として生成されるのは一九二〇年代前半であると考えられている。[39] そこで、本節では前章までで検討してきた人間関係論が人事管理論へどのように波及してきたのかを人間関係論の諸成果の中の一つである人間の捉え方(労働者の捉え方)から述べていく。本節では、人間関係論での人間の捉え方を過去の経験、経歴から独自の感情、価値観、態度を持ち、他の人々とのかかわりを持ちながら行為をする主体と考える。[40] そして、労働者の能率は単なる刺激―反応に規定されるのではなく感情を媒介して規定される。

本節では、労働者に関する認識が変化し、科学的管理法の補強として発展する一九二〇年代の人事管理論研究の代表的存在の一人であるティード(O. Tead)&メトカーフ(H. C. Metcalf)(一九二〇)、一九三〇年代後半の大量生産体制の発展等による経営規模の拡大、労働組合組織の発生等を背景としたヨーダー(D. Yoder)(一九三八)、そして一九四〇年代後半から進展する人間関係論研究を取り入れた人事管理論研究の代表者の一人、ピゴース(P. Pigors)&マイヤース(C. Myers)(一九四七)に焦点をあて検討したい。

一　ティード&メトカーフ―労働者の最大能率をめざす労働者管理―

ティード&メトカーフ(一九二〇)から見ていこう。ティード&メトカーフは労働者を人間と位置づけ、産業における健全な人間的諸関係を促進し、自発的な人間協働・興味・創造力に基づいて生産性を確保することに関心を持つ。これを踏まえ、ティード&メトカーフ(一九二〇)は人事管理を「最小限の人的努力と軋轢、旺盛なる協働精神と労働者の真の福祉への適切な考慮をもって、その組織が明らかに示すところの目的の実現に寄与するように、組織内の活動を計画し、監督し、指導し、調整するところである」[41]と定義する。「労働者の真の福祉」とは人間の本性や人間福祉の本質的内容を理解しなければならないということである。彼らは人間の本性について、人間とは本質的に同じ欲求によって動かされ同じ活動で満足を得る普遍的な特性であり、この特性は対立するものではなく統合し組織化しようとするパーソナリティ（personality）が備わっている[42]。彼らは労働者の人間的本質を理解しその充足をもたらすことで、人間の協働が確保でき生産性の向上をもたらすことができると考える。

ティード&メトカーフは人事管理の機能をどのように捉えているのだろうか。彼らは雇用、健康と安全、教育、調査、サービス、調整と共同関係の六分野を示す。雇用に関しては能動的・有効な労働力を確保するために必要な業務であり募集・選考・採用・配置を中心に述べている。選考に関して科学的であり、人間的思いやりの観点を踏まえた選考手続きが従業員関係で必要であると指摘する。また、職務で必要とする要件を職務分析に基づく職務明細書で明らかにし、応募者の選抜テストをすることで職務と労働者が適合できるかを確認する。調査とは雇用条件の決定に必要な事実を得るための賃率の提案や職務分析の管理などである。これらの点は、労働者の特性を踏まえそれを充足させて生産性の向上を図るというよりも労働力管理に向けた人事管理機能と理解できよう。サービスは従業員のレクリエーション、休憩室など福利厚生に関するものであり、人間的本質の充足にかかわるかもしれない。しかしながら、それがパーソナリティにどのようにかかわるのかは明確ではなく、人事管理の機能がパーソナリティにどのように関係しているのかも不明瞭である。津田（一九七七）も同様に「パーソナリティの発揮が能率の向上に具体的にどう結びつくかについての論理が不明瞭である。このことは、ティードのパーソナリティ論が彼の人事管理の諸制度とうまく結びついていないところにあらわれているように思われる。[43]」と指摘する。

人事管理の諸機能の一つである調整と共同関係とは苦情処理、工場委員会、従業員団体、団体交渉、労働組合など労使関係の取り扱いである。工場委員会、従業員団体を通じて、労使双方が相手方を理解し労使関係の円滑化を図り労働者の能率を向上させようとする。当時、各労働者との個別対応が主であり、労働組合が十分に発展しておらず団体交渉については低い認識であった。[44]

まとめると、ティード&メトカーフ（一九二〇）は労働者を機械ではなく人間として捉えている。労働者を人間と位置付ける点は作業の管理での人間の捉え方とは異なる点である。[45] 彼らは労働者の人間的本質を理解しその充足をもたらすことで、人間の協働が確保でき、生産性の向上をもたらすことができると考えている。しかし、これは人間の本質を刺激すると（充足させると）それに反応し各々の作業に適するかどうかを考慮したものであった。彼らの主眼は、職務と労働者の遂行能力を適合させる選考テストの実施からもわかるように労働力管理である。これらのことから労働力の能率は、感情を媒介として最大の能率を上げると考える人間関係論的視点までは到達していないといえよう。

二　ヨーダー――ワグナー法施行の影響を受ける集団的労使関係管理の台頭――

一九三〇年代後半になると大恐慌で破綻したアメリカ資本主義がニューディール政策により復興し始める。そしてアメリカの資本主義体制は第二次大戦を経て、独占企業間だけでなく社会主義経済との競争も直面する。そのため資本家ないし経営者は「技術革新」あるいは経営管理のより緻密な計画化等で利潤の確保を目指す。しかし、一九三五年に成立した全国労働関係法（National Labor Relations Act：通称、ワグナー法）や一九五五年のアメリカ産業別労働組合会議（Congress of Industrial Organization：CIO）を中心とする労働組合運動が利潤追求の一つの大きな障害となる。そのため、労使関係管理の整備を急ぐとともに、労使関係法（Labor-Management Relations Act：通称、タフトハートレー法）のような労働組合運動の規制にも進展する。[46]

ワグナー法は労働者が自ら組織して労働団体を結成し、これに加入もしくは援助をする権利、自ら選出した代表者を通じて団体交渉もしくはその他の相互補助または保護の目的のための団体行動をする権利を有する、と労働者に団結権、団体交渉権、団体行動権の権利を認める。これらの権利が労働者に認められたことにより、人事管理にどのような影響を及ぼしたのだろうか。結論を先取りすれば、労働における個人的問題の処理とともに集団的問題の処理により多く直面するようになる。

ヨーダーは、労働力の能率的管理が必要であるという認識を持ち、人事管理の目的を「労働力（man power）から最大限の生産能率を確保することであり、そして人事管理の原理と実践はその基本的目的を基礎とする。[47]」と定義する。また最大限の生産能率を確保するには、すべての貢献者から能率的な協働が必要と考えている。そのためには人間の本質を理解することが重要である。人間の本質は本能、欲望、欲求などといった言葉で示される人間の基本的欲求である。人間の本質を理解し、それを充足させようと労働者管理を行う点はティード&メトカーフ（一九二〇）と同様であり、ヨーダー（一九三八）はティード&メトカーフ（一九二〇）を引き継いでいるといえよう。さらに、彼は労働者全体の気持ちや仕事に対する集団的な態度のような集団的特徴をモラールと位置付け、モラールが高ければ紛争は少なく、モラールが低ければ紛争は多いと、モラールが労使紛争に影響をもたらすと認識している。また個人の仕事の興味も紛争と密接な関連があり、労働者が自身の仕事に興味を持っている場合、紛争の特徴である不満足やイライラが現れないと推測する。

このように、ヨーダー（一九三八）はモラールの章（Employee Morale, Interest, and Discipline）を置き労働者のモラールと仕事の興味を重要視しているが、モラールや仕事の興味を個人の興味・欲求の側面からではなく疲労との関連で分析している。具体的には長期間一つの仕事をし続けると興味がある仕事でも、長時間興味を持続させることはできず興味が低下し興味の低下は注意力の減退をもたらす。注意力が減退すれば疲労を引き起こすという。そのため、ヨーダーは労働者の興味を維持・刺激する際に二つのアプローチを説明する。一つが職務を通じて労働者の興味を満足させる。第二が労働者を調査し効果的な配置である。[48]

以上から、ヨーダーの仕事に関する興味、モラールの問題は、個人の心情と関わりあると考える人間関係論的思考からの発生とは言い難い。[49] また、仕事の興味を維持するための方策も疲労や仕事の単調感を減らす視点から考えられている。

本項の始めに述べたように、ワグナー法が施行され団体交渉権を得たことによって集団での労働問題処理は進展する。ヨーダーは労使関係管理を人事管理の基本機能に含む。また団体交渉（collective bargaining）に関しては、団体交渉で用いるテクニック（個人でなく階級で扱う、労働組合を交渉の代理人として扱う、団体協約）を明記しているが大部分は労働組合の法律の沿革であり、労働組合や団体交渉の分析はほとんどない。第二版になると、団体交渉で用いるテクニックの中身（最低賃金の設定、ストライキ、ボイコットなど）がより具体的になり、労働協約の中に記載されることが多い条項（労働組合の地位の承認、賃金条項、労働時間・休暇などの労働条件）の規定を明記する。

しかし第二版であっても、ヨーダー（一九三八）の最大限の生産能率の利用と労働者の協働の確保の視点から労使関係管理を分析しているとはいえないだろう。木田・岡田（一九九四）は、労働組合の急激な拡大は労使の対立、闘争という形で問題となり、労働力の最高能率の利用の観点よりも、経営における労使関係の対立を調和させる人事管理を適用していると分析する。[50]加えて、森（一九六九）は労使関係に関して、一九二〇年代の人事管理の文献では従業員代表制を中心にしていたが、一九三五年以後労働組合の発展とともに労働組合との団体交渉や労働協約が人事管理上の第二の基本部分の内容を構成するようになった。さらに、モラールの問題がやや大きく考慮されるようになったと指摘しており、[51]モラールの問題が人事管理の中で必要性を増してきていることがわかる。

以上のように、ヨーダー（一九三八）は、労働者は人間であり人間の本質を理解しそれを充足させることが必要であるという点、しかし主眼は労働力管理による最大の生産能率の確保の観点はティード&メトカーフ（一九二〇）を引き継ぐ。しかし疲労や仕事の単調観からの労働者のモラールやその維持という視点を含む。そしてワグナー法施行によって、集団的労働問題処理が人事管理において重要となるが、まだまだ労働組合や団体交渉に関して詳細に議論されていない。

労働者の個々人のモラール問題、個人は集団の一員と集団管理をより重要視するのが次に説明するピゴース&マイヤース（一九四七）[52]である。

三　ピゴース&マイヤース—作業集団の一員としての労働者管理—

ピゴース&マイヤース（一九四七）は、生産の組織化、市場活動、販売等企業が行う活動には労働者が必要である。したがって良い経営は多くの人々の協働を確保していくことである。すぐれた経営者は他の人々を命令できるからではなく、管理者のもとで最善を尽くしたいと考えるため、他の人々を働かせることができると述べる。これより、人事管理とは、「個人の能力を最大限に発揮させ、個人が仕事から最大の満足を得ることができ作業集団の一員としても、満足が得られるように援助することである」と定義する。[53]彼らは個人の能力の発揮、最大の満足を得るよう人を管理することを人の育成と捉えている。また、よい人事管理は個人能力を最大限発揮させ個人の仕事から最大の満足を得るだけでなく、作業集団の一員としても満足を得るように援助することであると述べ集団管理の必要性も示唆する。[54]それとともに、労働者は所属する作業集団から承認や所属を欲する社会的存在であると考え、すべての労働者は一個の人格であり生活上の悩みも労働者の全体の能率を下げると、労働者の興味や悩みといった人間的側面が人事管理に影響を及ぼすことを認識する。

労働者の能率は労働者の感情によって影響を与えられる点、人々の協働を得てチームとしての効率性を重視している点は先の二論者との相違であり、この点は本節の最初で述べてきた人間関係論の人間の捉え方を加味している。この労働者観を踏まえ人事管理者は当事者の立場で感情を理解し事実を確認する。その事実を全体との関連で分析し解決方法を見つけ出すことが必要である。このような考え方は労働力管理の視点よりも労働者の能力管理や動機づけを中心におく労働者管理の視点といえよう。

ピゴース&マイヤース（一九四七）は人事管理者の主要な機能は四点であると説明し[55]、そのうちの一つが集団管理の必要性という認識から組織のチームとしての効率を上げる、である。これは組織のもつ安定度やモラールをさまざまな指標（具体的には遅刻・欠勤率、事故、労働移動、配置転換、不平・苦情等）でチームの効率性、個人のモラールの診断をする。このように人事管理の機能も組織のチームとしての効率といった集団管理の視点や組織の持つ安定度やモラールから設計されている。

しかし、ピゴース&マイヤース（一九四七）では彼らは遅刻・欠勤、事故など指標の原因が起こることを作業状況の技術的側面、監督、労働関係の状況、会社方針の不適切さに求め、それを解決させることでモラール、チームワークに影響を与えると考えており、従業員個人の態度やモラール調査といった心理的調査というところまでにはまだ達していない。このことから、人事管理制度への導入はまだ限定的であると考えることができよう。しかし他人とうまくやっていく能力は仕事を成功させる重要な要因であると考えており、心理学者は気質や性格を測定するテストを考案する。技術があってもこの試験で不適任者になるような候補は取り除かれる。このように個人の能力と仕事の特性をマッチングさせること以上に個人の気質、性格といった心理的関心は選考に対して影響を及ぼしてもいる。

ピゴース&マイヤース（一九四七）の労働組合に対する考え方はどうであろうか。彼らは労働者の人間的欲求が満たされていないために、満たすことを望み労働組合を結成し加入する。さらに、労働組合は個々で行動するよりも組合に加入するほうがより多くの満足が得られる確信をもつ。よって、よい企業でも組合が生まれる。労働組合の存在を認め、組合は侮辱・失敗の証拠とみなすのではなく、企業は労働組合を受け入れ、建設的な組合との協働関係となるよう試みる。提案制度、労使共同委員会制度、労使協力制度は労働者の経営参加を高め労使間の協働を助成すると考えている。それは、経営者が多くの労働者は自分の仕事をよりよく行う方法の意見をもっていると考えているからである。要するに、多くの労働者は積極的な貢献を行う、労働者が受け入れられる機会を得ることで仕事の喜びを増すという認識である[56]。このようにピゴース&マイヤース（一九四七）は、労働者の欲求の発露という観点から労働組合の存在を認め、労使協調を目指す。そして、労働組合に対して経営者はどのような態度で臨むのかを示しており労働組合を受け入れる立場が増えていると述べる[57]。このように労働者の協働を注視している点は人間関係論の影響を受けていると考えられる。しかしワグナー法が団体交渉権を労働者に認め、労働組合の干渉や圧迫を使用者に禁じているため、労働組合を認めなければならず団体交渉は不可避である。この点からも労働組合を受け入れる立場にならざるを得ない。他方で、労使協調を高めて労働組合の力を弱くする狙いがあったとも考えられる。

四　一九六〇年代以降の展開――人的資源管理論の台頭――

一九六〇年代から一九八〇年代にかけて人的資源管理論が展開する。人事管理論ではヒトは費用として捉えていたのに対し、人的資源管理論でのヒトは組織にとって資源となるという捉え方である。人的資源管理論の基礎は、一九六〇年代頃から発展してくる経済学研究領域の人的資本論と人間関係論研究から発展した行動科学に求めることができる。(58) 人的資本論からは教育や健康への投資が労働者の知識や技能の増大をもたらすという考えの下、教育訓練、能力開発の役割を重視する。一方、行動科学からは労働者の欲求や動機付け、フォーマル組織の分析から、目標管理、職務拡大・充実、職務の再設計、小集団管理、参加的リーダーシップを提唱し労働者の労働意欲の向上を図る。一九二〇年代以降のティード&メトカーフ、ヨーダーの人事管理論では労働者の労働力管理が主眼であったのに対して、人間関係論が台頭してきたピゴース&マイヤースの人事管理論は労働者を動機付けしようとする労働者管理を主眼に置く。そして、一九六〇年代以降の人的資源管理論では、行動科学的管理は労働者管理や職務の再設計を通じた労働者の生産性向上の施策から労働力管理の二つの視点をもたらし、人的資本論から労働力管理の視点を受け入れた。それゆえ、人的資源管理論での労働者の捉え方は労働力・労働者管理といえる。

また一九八〇年代に入ると、アメリカでは、外部環境の変化として労働組合の組織率の低下、国際競争の激化によって製造業関連の職務が喪失し、失業者とホワイトカラー従事者割合の増大、ホワイトカラーの組合に対する無関心が生じる。労働組合はそのような状況下で、経営者側の賃下げなどによる生産費の低下を受け入れる代わりに、雇用保障、利益分配、経営に対する発言権とともに職務拡大・職務充実・経営参加を獲得する譲歩交渉を行うようになった(59)。

（脇　夕希子）

第四節　人間関係論の現代的意義

一　「後期（新／ネオ）人間関係論」の登場

人間関係論は「人間関係の時代（the age of human relations）の到来(60)」と言われるまでに一世を風靡した。第二次世界大戦後の経営学研究の盛況は、人間関係領域が経営学の研究対象に加わったからと言っても過言ではなく、経営学のアイデンティティー確立にとって最初にして、大きな一歩であったと言ってよい。わが国でも戦後、人間関係論の影響は強く、野田信夫『近代経営における人間問題』（ダイヤモンド社、一九五三年）、藻利重隆『労務管理の経営学』（千倉書房、一九五八年）などが、当時この立場に立った文献の代表と言える。がしかし、人間関係論は今日、職場内コミュニケーションの円滑化に関わる提案制度やカウンセリング制度などに具現し、現代企業の福利厚生制度の原型となってはいるものの、経営学史的にストレートに伝統的な組織論や管理論に取って代わる中核的な経営思想になったのかと言えば、さにあらず、である。その軌跡をやや強引に学史的命題化すれば、「人間関係論という用語は消滅、その基本思想は存続」ということになろうか。

かような命題が導かれるのも、観察して診断を下し、認識対象を熟知しながら研究を進める人間関係論は意外なことに、その砦たるハーバード大学経営大学院・修士課程において影を潜めていくからである。同大学院が調査を激減させ教育・訓練に傾斜したからであった。したがって、むしろハーバード以外の大学でその研究活動が活性化する。折しも一九五〇年になると、この種の研究を支援していたフォード財団が「行動科学」の用語を使用し始め、次第に、この名称に支配権が移って行くのであった。一九五八年には、行動科学の研究成果をまとめる形でマーチ（J. G. March）&サイモン（H. A. Simon）が Organizations を公刊する。かような流れに抵抗したレスリスバーガーは、一九六二年にハーバード大学内に研究重点の博士課程の開設に成功するものの、その授業科目名には「組織行動論」が使用され、かくして人間関係論は発展的に解消され、彼の下で研究していたローレンスなどによって人間の問題が受け継がれることになる。[61]

人間関係論という名称が消失していく裏では、一九五〇年代末から六十年代初期にかけて、後に「後期人間関係論」者と呼ばれる多種多様な論者が台頭する。特に六〇年代以降、人間行動を分析し記述する科学たる行動科学の影響を受けた動機づけ理論（motivation theory）・人事管理論（personnel management）あるいはリーダーシップ理論（leadership theory）と呼ばれる学派、そしてコンティンジェンシー理論（Contingency Theory）学派が登場することになる。結局、人間関係論という用語は、ビジネス・スクールに流入した行動科学者たちによって「組織行動論」に組み替えられ、さらにコンティンジェンシー理論の登場によって表舞台からは後退することになる。

六〇年代までは、「心理学者、社会学者、文化人類学者などの行動科学の訓練を受けた人たちが、マネジメント一般理論に影響を及ぼすことはほとんどなかった[62]」のである。その行動科学の訓練を受けた人たちというのが、リッカート、アージリス、マグレガー、ハーズバーグ、などの論者である。彼らは実務経験をほとんど持っていない者が多かったのだが、自分たちのアイディアや方法をビジネス・スクールが受け入れてくれることに気づいた[63]。前期人間関係論も、人間行動の情緒的側面にスポットを当てたという意味では動機づけ理論と言えなくもないが、後期人間関係論は動機づけを、非公式組織ではなく公式組織のレベルで取り上げたところに決定的な比較優位性があった。「職務拡大（job-enlargement）」「職務充実（job-enrichment）」などの施策に端的に示されているように、公式組織を所与とせず、それの修正・再構築をも理論的・実践的対象とした理論的フレームワークを構築した点で、メイヨー・グループの研究から一段進化した内容となっている。そしてこれらの研究はやがて、六〇年代末には「組織開発論（Organization Development：ＯＤ）」としても結実し、その後のミクロ組織論の核ともなって行くことになる。さらにまた、これらの研究は人事・労務管理の分野にも影響を与え[64]、八〇年代以降の人的資源管理論（Human Resource Management：ＨＲＭ）の礎を提供することとなった。

さて、人間関係論の学史的意義を考察するのならば、もう一段上から俯瞰すべきアングルが存在する。一方で、経営学は一九六〇年代に学派のるつぼ状況を経験していた。この時期経営学は、管理過程学派を代表するクーンツが『経営管理の統一理論へ向けて』（一九六四）の中でいみじくも形容したように、「マネジメント・セオリー・ジャングル」の様相を呈していたのである。人間関係論もそのジャングルの中の一セオリーに過ぎず、経営学は管理過程学派、経験学派、人間行動学派、社会体系学派、意思決定学派、数理学派といった六つの学派の乱立状況にあった。そこへ新しい潮流を形成すべく二つの画期的動向が注目される。その一つが、前述の後期人間関係論の登場である。[65]

そしてもう一つの、その後の学界における影響力の大きさに鑑みて何と言っても忘れてはならないのが、コンティンジェンシー理論である。経営学史的に人間関係論の消息を見届けるに当ってきわめて重要なのは、コンティンジェンシー理論のアプローチが、リーダーシップ論を皮切りに、動機づけ理論などに急速に取り入れられたことである。特性理論が支配的であった初期のリーダーシップ論に不満を抱いたのが行動科学的リーダーシップ論であったのだが、さらに、参加型リーダーシップというリーダーシップの一類型を理想視する考え方に疑問を発する研究グループが誕生したのである。その嚆矢とされるのが、フィードラー（F. E. Fiedler）である。環境と組織との関係のみならず、働く組織メンバーが異なれば当然リーダーシップ・スタイルも違ったものになる、という論理である。それは、ワン・ベスト・リーダーシップを追求する考え方から脱却し、各々の状況に適合するリーダーシップが存在する、という考え方への画期的シフトである。そして、フィードラーに続けとばかりに、他のコンティンジェンシー・アプローチが次々と展開されることになる。あっという間に経営学において、仮説検証型の実証研究が隆盛を誇ることになった。

二　人間関係論の消息

後期人間関係論の登場をもってして〝本家〟人間関係論の消息を断じることは、甚だ困難である。[66]実際、両者の質的連続性あるいは不連続性（ディ・カプリング）の程度はにわかに断定し難い。動機づけ理論は長らく、人事管理理論（後に人的資源管理理論）に連なりもして、[67]組織の行動科学的アプローチの中心的位置を保って隆盛を誇り、シャイン（E. H. Shein）らの「組織行動論 Organizational Behavior」というジャンルへと連なっていく。しかし、マズローの欲求段階論における第五段階「自己実現」に対応する人間観をめぐって、依然課題が残されたままとなっている。シャインらの組織行動論が理論的前提とする人間観、即ち「複雑人」は伝統的理論の「経済人」や前期人間関係論の「社会人」と比べたとき、その特異性は否めない。それは、「人間の欲求は多種多様だ」と言っているに過ぎず、概念化を遠ざけているに等しい。そして、後期人間関係論はさらにコンティンジェンシー理論に突き進むのである。したがって実は、〝アフター・後期人間関係論〟の意義も重大なものと言わねばならない。

そもそも、「前期人間関係論→後期人間関係論」という経営学史的な流れの理論的意義の一つは、限界がクリアーとなった前期人間関係論を進化発展させようと試みたところにあった。その意味では後期人間関係論は、前期人間関係論の研究フィールドを継承していたと言える。その結果、自己実現欲求の充足、即ち「組織目的と個人欲求との統合」を可能にする管理方式を追求しようと、実証的研究を通じて初期人間関係論には見られない新しい理論的フレームワークを唱えた。と同時に、その過程で、いくつかの新しい研究アングルを提供するに至った。後期人間関係論者たちが提示した、自発的協働関係の形成の前提となる組織目的と個人欲求との統合を可能にするためには公式組織を所与のものと前提視せず、むしろ積極的に公式組織の構造的要素に働きかけるとともに、さらにはリーダーシップを主要な要因とする管理・監督方式や制度全般を変化もしくは変革することまでもその視野に納める必要があるとする考えこそは、前期人間関係論からの最大の進化発展である。

「目標による管理」論などは、後期人間関係論の、マズローの欲求段階論における第五段階「自己実現」を前提とした象徴的管理方式と言っても過言でない。即ち、組織の設計原則たる専門化の原則と命令一元化の原則（スパン・オブ・コントロール）に基づく公式組織において、統制中心の高圧的な管理方式から参加中心の非高圧的な管理方式へと脱すべく、組織メンバーにより大きな決定権とチェック責任が与えられ、それによって各組織メンバーの創造性を引き出すように相互関連的な柔軟な公式組織への再編の必要性を提唱したのである。

しかし前期人間関係論者らと同様、後期人間関係論もリーダーシップや動機づけの問題を、企業という組織類型における労働の歴史性を踏まえた分析を欠いたままの議論の域を脱するまでには至らなかった。そのために経営者と従業員、上司と部下、雇用者と被雇用者といった関係が、すべてリーダーとフォロアーだけの、半ば真空な関係に還元されて論及されている。〝宮仕えの悲哀〟などと言ったサラリーマン視角は、まったく捨象されていた。このことは、いかに後期人間関係論において自己実現欲求の充足を図った参加型経営を唱えたところで、しょせん権威的リーダーシップを糊塗するものだとする非難に論駁したり、また回避したりするには、理論モデルとして脆弱である。

したがって、組織目的と個人欲求の統合という大命題も、「現実にはとても実現できない目標[68]」という批判をも甘受せざるを得ない。公式組織において、統制中心の高圧的な管理方式から参加中心の非高圧的な管理方式へと脱し、組織メンバーにより大きな決定権とチェック責任を与え、それによって各組織メンバーの創造性を引き出すような相互関連的で柔軟なフォーマル組織への再編は、きわめて限定的なものとなる。その試みは「伝統的な管理の補充手段として適用されるにとどまる[69]」とすら言えよう。

かくして、いち早くリーダーシップ論が、続いて動機づけ理論が普遍的命題を否定せんとする「コンティンジェンシー(状況適合)・アプローチ」を提唱するに至ったことなどは、ある種の対抗措置であったとも推論し得る。それは、前期人間関係論を引き継いで批判の対象にしてきた「唯一最善の方法」志向の旧来アプローチを逆転させたはずの後期人間関係論が、結果的に、伝統的な管理論・組織論との共存に与することになったからである。つまり、「状況次第で権威的リーダーシップが適合する」という命題を認めたことになるからである。例えばX・Y理論提唱者のマクレガーは、より効果的なマネジャーはY理論的立場に立ち、非効果的なマネジャーはX理論的立場に立つといった誤った二分法で解釈できるほどマネジメント・ワールドを単純なものと見ていなかった。彼は「X理論のマネジャーが人を信じることもあれば、Y理論のマネジャーを模範とみなすこともなかった」[70]。レン(D. A. Wren) いわく、一〇〇〇頁を超えるリーダーシップ研究ハンドブックには、コンティンジェンシー・アプローチの導入によって何千もの研究が網羅されているが、この分野の研究状況は混乱しており、「リーダーシップに関するたくさんの文献にもかかわらず、わかっていることは僅かである」[71]。

総じて、人間関係論は誕生以来、経営学にとどまらず産業社会学、産業心理学、教育心理学などといった形で、社会科学のあらゆる分野において問題の対象となっていくという歴史を刻むこととなった。そして、その歴史は皮肉なことに、結果として人間関係論という用語を希釈する方向に向かってしまった。その意味で、前・後期人間関係論という類型化にも、両者にリニアーかつタイトなリレーションが認められない限り、経営学史的には再考の余地があろう。それは、かの「伝統的組織論」と「近代組織論」との関係と相似形であろうか。

が、他方で、実に示唆的な経営学史模様だと思えるのは、前期人間関係論の概念はリーダーシップ論や人事管理理論に止まらず、ミンツバーグ (H. Mintzberg) やコッター (J. P. Kotter) らの強調する経営者の対人関係能力に棹差し、経営者育成論の中核概念としても命脈を保っていることである[72]。それは、メイヨーの文明論 (第二章) の中で展開された技術的技能と社会的技能との不均衡は依然解消していないことを物語っており、そこに現代経営学の有り様を問うための有効な視座があると言えよう。レスリスバーガーがいみじくも、「人間関係とは……人がそれによって自己自身を社会的環境に関係づけることを知るための技術の実践である。それは自己を知り、そして第一に相互関係を、第二にいかにその関係を改善するかを知る方法なのである。人間関係は特に、ある個人が自己の感情や観念を他者に対して交換し、またそういったコミュニケーションを他者からも受け、共通の課題に快適に参加できるようにするための能力なのである。[73]」と明言している。

（辻村　宏和）

注

（1）権泰吉『アメリカ経営学の展開』白桃書房、一九八四年、一二二頁。

（2）Child, J., *British Management Thought*, Allen & Urwin, 1962, p. 178.（岡田和秀・高澤十四久・齊藤毅憲訳『経営管理思想』文眞堂、一九八二年、一八〇頁。）

（3）権、前掲書、一三四頁。

（4）Brown, J. A. C., *The Social Psychology of Industry*, Penguin Books, 1955.（伊吹山太郎・野田一夫訳『産業の社会心理』ダイヤモンド社、一九五八年。）〔未見〕権、前掲書、一九八四年、一三四頁。

（5）紙幅の関係で、わが国への人間関係論の学問的影響プロセスを紹介・考察する余裕はないが、それは、第二次大戦後アメリカ経営学の紹介によって注目されるところとなった、という点にその特色を見出せよう。その先駆となったのが、馬場敬治『経営学と人間組織の問題』（有斐閣、一九五四年）である。わが国経営学が主として経済的理論や管理技術合理化論、あるいはマルクス経済学をベースにおく批判的研究であった当時、経営学界に経営合理化の反対側の側面の問題の克服が経営問題の重要な核となるべきだと警鐘を鳴らしたという意味で、同書はわが国経営学界において衝撃的であったに相違ない。かくして人間関係論によって、わが国経営学の関心が生産管理論から労務管理論へとシフトしたこととも重なる。

（6）Drucker, P. F., *The Practice of Management*, Harper & Row Publishers, 1954, pp. 124-125.

（7）この点についてもドラッカーは、人間関係学派が仕事を成し遂げることを軽んじたために（つまり公式組織の考察が不十分の意…辻村）労働者に無駄な自意識ばかりが芽生えたと嘆いた、と言われる。Hoopes, J., *The Gurus Who Created Modern Management and Why Their Ideas Are Bad for Business Today*, Basic Books, A Subsidiary of Perseus Books L. L. C., 2003.（有賀裕子訳『経営理論　偽りの系譜―マネジメント思想の巨人たちの功罪―』東洋経済新報社、二〇〇六年、三三四頁。）

（8）かつてわが国では、人間関係論を強調することが返って温情主義を助長することになる、などという論議もあったようだが、今もってして、かような議論は完全消滅していない。それこそ、公式組織と非公式組織の相互関連性を追及した統合的な経営組織論を欠くからである。そもそも両者は、理論の重要性において、二者択一の俎上に載せられるような対立概念ではない。

（9）レスリスバーガーの所説からこの点（個人的均衡と社会的均衡）を検討したものに、藻利重隆『経営管理総論』（千倉書房、一九六六年）がある。

（10）吉原正彦『経営学の新紀元を拓いた思想家たち―1930年代のハーバードを舞台に―』文眞堂、二〇〇六年、三二三頁、同「人間関係論とバーナード理論の結節点―バーナードとキャボットの交流を中心として―」経営学史学会編『アメリカ経営学の潮流』（経営学史学会年報第四輯）文眞堂、一九九七年、一一五頁。

（11）同上書、二〇〇六年、三二三頁。同上書、一九九七年、一一五頁。

（12）Hoopes, *op. cit.*.（有賀、前掲訳書、三三五頁抜粋要約。）

（13）馬場、前掲書、三三頁。

（14）同上書、三〇八頁以下参照。

（15）吉原、前掲書、二〇〇六年、三二三頁、同、前掲論文、一九九七年、一一五頁。

（16）代田郁保『管理思想の構図』税務経理協会、二〇〇六年、一〇三―一一八頁。

（17）Parker, S. R., R. K. Brown, J. Child and M. A. Smith, *The Sociology of Industry*, New York: Frederick, A.

Praeger, 1967, pp. 102-104.（寿里茂訳『産業と社会―産業社会学序説―』社会思想社、一九七三年、一二一―一二四頁）は、人間関係論の系譜に属する諸研究を紹介する中で、各々がホーソン・リサーチによって提起された問題を出発点とはしているがいずれもその視角に他の学問的源泉から得られたものが含まれるとする。

(18) Cartwright, D. and A. Zander, "Origins of Group Dynamics," in Cartwright, D. and A. Zander, (eds.), *Group Dynamics: Research and Theory*, Tavistock Publications, 1968, pp. 3-22.（三隅二不二・岡村二郎・佐々木薫訳「グループ・ダイナミックスの起源」三隅二不二・佐々木薫訳『グループ・ダイナミックスI』誠心書房、一九六九年、三―三九頁）によれば、グループ・ダイナミックスとは、「集団の性質、集団発達の法則、個人や他の集団及びもっと大きな組織と集団との相互関係についての知識を発展させることを目的とした一つの研究分野である」と定義される。

(19) 坂下昭宣『経営学への招待［第三版］』白桃書房、二〇〇七年、二二〇頁。

(20) リッカート理論をグループ・ダイナミックスとの関連で論じているものとして、吉原英樹「参加的・集団的管理のシステム―リッカート理論を中心にして―」『経済経営研究』（神戸大）第二〇号、一九七〇年、一二一―一六三頁、野中郁次郎『組織と市場』千倉書房、一九七四年、三三―六八頁等がある。

(21) レヴィンは、一九一四年にベルリン大学で学位を取得し、一九二七年―一九三三年まで同大学で教授として教鞭をとっていた。

(22) Lewin, K. (1943), "Field Theory and Experiment in Social Psychology," in Cartwright, D. (ed.), *Field Theory in Social Science*, Harper & Brothers, 1951, p. 45.（猪股佐登留訳『社会科学における場の理論』誠心書房、一九七九年、五八頁。）

(23) A・J・マロー／望月衛・宇津木保訳『KURT LEWIN―その生涯と業績―』誠心書房、一九七二年、一四一―一四三、二二〇頁等。

(24) Lewin, K. (1939a), "Experiments in Social Space," in Lewin, G. W. (ed.), *Resolving social conflicts: Selected Papers on Group Dynamics*, Harper & Brothers, 1948, pp. 72-73.（末永俊郎訳『社会的葛藤の解決』東京創元社、一九七一年、九六頁。）

(25) レヴィンは、ベルリン大学時代からトポロジーの概念を用いている。トポロジーについて、Lewin, K. (1939b), "Field Theory and Experiment in Social Psychology," in Cartwright, D. (ed.), *Field Theory in Social Science*, Harper & Brothers, 1951, p. 150.（猪股佐登留訳『社会科学における場の理論』誠心書房、一九七九年、一五一頁。）

(26) Lippit, R. and R. White, "Leader Behavior and Member Reaction in Three 'Social Climates'," in Cartwright, D. and A. Zander, (ed.), *Group Dynamics: Research and Theory*, Tavistock Publications, 1968, pp. 318-335.（中野繁喜・佐々木薫訳「三種の〝社会的風土〟におけるリーダーの行動と成員の反応」三隅二不二・佐々木薫訳『グループ・ダイナミックスⅡ』誠心書房、一九七〇年、六二九―六六一頁。）

(27) Likert, R. (b), *The Human Organization*, New York, McGraw-Hill, 1967, p. 106.（三隅二不二訳『組織の行動科学―ヒューマン・オーガニゼーションの管理と価値―』ダイヤモンド社、一九六八年、一二九頁。）

(28) Likert, R. (a), *New Patterns of Management*, New York, McGraw-Hill, 1961, p. 103.（三隅二不二訳『経営の行動科学―新しいマネジメントの探求―』ダイヤモンド社、一九六八年、一三八頁参照。）

(29) *Ibid.*, pp. 104-105.（同上訳書、一四〇―一四一頁。）

(30) *Ibid.*, pp. 165-169.（同上訳書、二一六―二二二頁。）

(31) *Ibid.*, p. 171.（同上訳書、二二五頁。）

(32) *Ibid.*, p. 170.（同上訳書、二二三頁。）

(33) *Ibid.*, p. 105.（同上訳書、一四一頁。）

(34) 連結ピン機能について、*Ibid.*, pp. 113-115.（同上訳書、一五二―一五五頁。）また、特にコンフリクト調整の際の連結ピン機能について、Likert, R. and J. G. Likert, *New Ways of Managing Conflict*, New York, McGraw-Hill, 1976, pp. 183-191.（三隅二不二訳『コンフリクトの諸科学―対立管理の新しいアプローチ―』ダイヤモンド社、一九八八年、一六五―一七二頁。）

(35) *Ibid.*, pp. 192-193.（同上訳書、一七二頁。）

(36) Likert (b), *op. cit.*, p. 2.（前掲訳書、四頁。）

(37) 吉原、前掲書、二〇〇六年、二一六―二三九頁。

(38) 木田重雄・岡田行正「伝統的アメリカ人事管理論の比較―D．ヨーダーとP．ピゴーズ＝C．A．マイヤーズの所説を中心として―」『修道商学』（広島修道大学）一九九四年、第三五巻第一号、二六二―二六六頁。
(39) 菊野一雄『労務管理の基礎理論』泉文堂、一九八二年、岩出博『アメリカ労務管理論史』三嶺書房、一九八九年、木田・岡田、前掲書。
(40) 角野信夫『アメリカ経営組織論〔増補版〕』文眞堂、一九九八年、第一章。
(41) Tead, O. and H. C. Metcalf, *Personnel Administration: Its Principles and Practice*, McGraw-Hill, 1920, p. 2. なお、本項は Tead & Metcalf（1920）に依拠している。
(42) 普遍的な特性とは ① 肉体的完全性、② 家族愛、③ 創造的衝動、④ 所有への欲求、⑤ 好奇心、⑥ つながりの欲求、⑦ 承認への欲求、⑧ 正義への欲求、⑨ 美への欲求、⑩ 善への愛である。パーソナリティとは相対立する諸欲求の葛藤の場ではなく、各欲求間のバランスを保持し、全体的統合性を維持、形成する概念である。パーソナリティの実現は自己の発展だけでなく労働者の自発的協働ももたらすことができ、結果社会の発展にも繋がると説明する（*Ibid.*, pp. 13-21）。
(43) 津田眞澂「オードウェイ・ティードの人事管理論」『人事労務管理の思想』有斐閣新書、一九七七年、八四頁。
(44) 調整と共同関係では、各労働者との個別的対応による労使問題だけではなく、団体交渉など労働者集団での労使関係の問題を人事管理の機能の一つに取り入れている。この点に関して、岡田（二〇〇六）は、個別的関係による労使問題の処理だけでは労働組合の発展、労働争議の頻発に対応できなくなり、集団的関係として労使問題の処理を人事管理の機能の一つに入れざるを得なくなったと述べる（岡田行正「ティード&メトカーフ：『人事管理～原理と実践』（一九二〇年版）の再考」『北海学園大学経営論集』（北海学園大学）第四巻第三号、二〇〇六年、一〇二頁）。
(45) 菊野一雄「アメリカにおける労務管理理念形成の再検討―Man power という理念（労働者像）を中心として―」『跡見学園女子大学マネジメント学部紀要』（跡見学園女子大学）第七号、二〇〇九年、三五―四六頁。
(46) 木田・岡田、前掲書、二六六―二六七頁。
(47) Yoder, D., *Personnel and Labor Relations*, Prentice-Hall, 1938, p. 3. なお、本項は Yoder（1938）に依拠している。

（48）第二版では先に労働者側に視点を置いたアプローチを述べている。これは初版よりも個人の気質の違いや人間の本質が強調されており人間の欲求の側面が重要となってきていると推測できる（Yoder, D., *Personnel Management and Industrial Relations*, 2ed., Prentice-Hall, 1942, p. 524）。

（49）岩出、前掲書、五五頁。

（50）第三版を検討し、能率的見地に立脚する人事管理と経営における労使関係から生まれた人間的見地に立脚する人事管理の二つが見いだせると述べる（木田・岡田、前掲書、二七五頁）。

（51）森五郎『新訂　労務管理概論』泉文堂、一九六九年、四三頁。

（52）菊野（一九八二）は、一九三〇年代後半から一九五〇年代の労務管理論の内容は二つの系統に分化すると指摘する。第一が先に見てきたティード、ヨーダーらのマンパワー・マネジメントに労使関係管理、モラール分析、労務方針、労務監査等を加味したマネジメント・プロセス論的労務管理論の系統である。第二が人間関係研究を労務管理に応用した人間関係論的労務管理論の系統である（菊野、前掲書、八二―八九頁）。

本節では、労働者の捉え方の変容が人事管理の諸制度、労使関係にどのような影響を与えるのかを述べていくことに焦点を当てているため、内容の系統分類ではなく発刊時代順で考察している。

（53）Pigors, P. and C. Myers, *Personnel Administration: A Point of View and Method*, McGraw-Hill, 1947, p. 19. なお、本項はPigors & Myers（1947）に依拠している。

（54）人事管理方針の立案の際も個人を組織の一員として、組織内の特殊な集団の一員として考えなければならないと考察しており、人事管理者には組織の安定性やモラールで組織の実情を正確に把握すること、高いモラールの維持や悪条件を修正するような人事手続きとサービスの開発を援助することを求める（*Ibid.*, p. 23）。

（55）第一が、ライン組織に対する人事管理的なアプローチの助言をし相談すること。第二が、本文でも示したように組織のチームとしての効率である。第三が人事上の諸手続き、サービスである。すなわち、募集、選考、採用、配置、教育訓練、賃金、労働衛生等を実施することで、ライン管理者が部下を通じてより成果を上げる援助をする。第四がライン管理者との討議、トップマネジメントへの報告を通じた人事管理活動の調整・統制機能の確立である（*Ibid.*, pp. 19–20）。

(56) ピゴース&マイヤースが一九五六年に発表した第三版では、上記二点に加え、最高の生産能率はそのような労働者の協働なしでは不可能である、が追加されている(Pigors and Myers, *Personnel Administration: A Point of View and Method*, 3ed, McGraw-Hill, 1956, p. 382)。

(57) ピゴース&マイヤースの第三版では、労働組合を受容(accept)するという態度から、労使協議(work harmony)の関係と変わっている。労使協議をとることで経営者は組合を理解し、経営上の問題を組合を通して労働者と相談する。一方、組合は低コスト高収益の必要を認める。このようにして、労働者に対して経営者側労働組合側への忠誠心を目指すより労使協調の意識が強くなる(*Ibid.*, pp. 36-37)。

(58) 菊野、前掲書、森川譯雄「人事労務管理論の史的展開と人的資源管理論」『修道商学』(広島修道大学)第五〇巻第二号、二〇一〇年を参照のこと。

(59) 角野、前掲書、第七章、森川、前掲書、三一七―三二〇頁。

(60) Davis, K., *Human Relations in Business*, 1957.〔未見〕権泰吉『経営組織論の展開』ミネルヴァ書房、一九七〇年、一三五頁。

(61) 杉山三七男「人間関係論」、経営学史学会編『経営学史事典〔第二版〕』文眞堂、二〇一二年、二七九―二八〇頁を参考。

(62) Wren, D. A., *The Evolution of Management Thought*, 4th ed., John Wiley & Sons, 1994, Chap. 20.(佐々木恒男監訳『マネジメント思想の進化』文眞堂、二〇〇三年、四一一頁。)

(63) *Ibid.*, Chp. 20. 同上訳書、四一二頁。

(64) 人間関係論という名称が残った(ている?)という点では、人事管理分野への影響の流れの方かもしれない。人事管理分野における斯界の権威・森五郎によれば、人間関係論の同分野への影響は二つの系統、①人間関係論が人間関係管理を付加するという形となった「伝統的人事管理論」、②人間関係論の立場から人事管理体系を再編成しようとする「人間関係論的人事管理」、とに分類される。Pigors & Myers, *Personnel Administration*(一九四七年)などが②の系統の代表である。②の系統は、重点が人間行動にあったためラインの長のための人事管理論の充実に力点が置かれたとされ、それに比して①の系統の人事管理は人事部などスタッフのための人事管理論だとされる（森五郎「人事管理の意義」高宮晋編著『新版体系　経営学辞典』ダイヤモンド社、一九七〇年、八七九頁を抜粋要約）。

（65）六〇年代のアメリカ経営学の画期的動向を二つとしたのは、角野信夫「多様な展開をみせた一九六〇年代のアメリカ経営学」、経営学史学会編『経営学史事典〔第二版〕』、四五―四九頁に依拠する。

（66）人間関係論と行動科学（後期人間関係論）とが学史的にリニアーな関係にあるかどうかは、実は微妙である。「……行動科学的研究は人間関係論の発生から始まったとか、あるいはまた人間関係論を超克する形で展開するに至ったという種の論議がある。いずれも正しいといえるし、また本質にかかわりないともいえる」（土方文一郎「行動科学の発展と内容」高宮、前掲書、八九頁）。

（67）注（5）（64）参照。

（68）McGregor, D., *The Human Side of Enterprise*, McGraw-Hill, 1960, p. 5.（高橋達男訳『企業の人間的側面』産業能率短期大学出版部、六三―六四頁。）

（69）権、前掲書、一四九頁。

（70）Crainer, S., *The Management Century*, Booz-Allen & Hamilton Inc., 2000.（嶋口充輝監訳／岸本義之・黒岩健一郎訳『マネジメントの世紀 1901〜2000』東洋経済新報社、二〇〇〇年、一四八頁）を抜粋要約。Y理論優位とする規範的二分法的解釈に反論するため、マグレガーは一九六四年に没する前にZ理論を開発し、その概念がオオウチ（W. Oouchi）の一九八一年の著作 *Theory Z* にて進化する。同上訳書、一四九、二一三頁。

（71）Wren, *op. cit.*, Chap. 20.（前掲訳書、四二九頁。）

（72）Mintzberg, H., *Managing by Henry Mintzberg*, Berrett-Koehler Publishers, Inc., 2009.（池村千秋訳『マネジャーの実像―「管理職」はなぜ仕事に追われているのか―』日経BP社、二〇一一年。）Kotter, J. P., *On What Leaders Really Do*, Harvard Business School Press, 1999.（黒田由貴子監訳『リーダーシップ論―いま何をなすべきか―』ダイヤモンド社、一九九九年。）また辻村宏和『経営者育成の理論的基盤―経営技能の習得とケース・メソッド―』文眞堂、二〇〇一年を参照。

（73）Roethlisberger, F. J. et al., *Training for Human Relations*, Harvard Univ., 1954, p. 172. 傍点は筆者。

『経営学史叢書　第Ⅲ巻　メイヨー＝レスリスバーガー』執筆者

吉原　正彦（青森中央学院大学　経営学史学会会員　巻責任編集者
まえがき・第一章）

竹林　浩志（和歌山大学　経営学史学会会員　第二章）

藤沼　　司（青森公立大学　経営学史学会幹事　第三章）

杉山三七男（静岡産業大学　経営学史学会会員　第四章）

辻村　宏和（中部大学　経営学史学会会員　第五章第一節・第四節）

庭本　佳子（神戸大学　経営学史学会会員　第五章第二節）

脇　夕希子（九州産業大学　経営学史学会会員　第五章第三節）

経営学史叢書　Ⅲ

メイヨー＝レスリスバーガー
——人間関係論——

平成二五年五月三一日　第一版第一刷発行

検印省略

経営学史学会監修

編著者　吉　原　正　彦

発行者　前　野　　弘

東京都新宿区早稲田鶴巻町五三三

発行所　株式会社　文　眞　堂

〒一六二—〇〇四一

電　話　〇三—三二〇二—八四八〇

ＦＡＸ　〇三—三二〇三—二六三八

振　替　〇〇一二〇—二—九六四三七番

印刷　モリモト印刷

製本　イマヰ製本所

---

http://www.bunshin-do.co.jp/

落丁・乱丁本はおとりかえいたします
ISBN978-4-8309-4733-9　C3034

経営学史学会監修『経営学史叢書　全14巻』

第Ⅰ巻　テイラー
第Ⅱ巻　ファヨール
第Ⅲ巻　メイヨー＝レスリスバーガー
第Ⅳ巻　フォレット
第Ⅴ巻　バーリ＝ミーンズ
第Ⅵ巻　バーナード
第Ⅶ巻　サイモン
第Ⅷ巻　ウッドワード
第Ⅸ巻　アンソフ
第Ⅹ巻　ドラッカー
第Ⅺ巻　ニックリッシュ
第Ⅻ巻　グーテンベルク
第XIII巻　日本の経営学説Ⅰ
第XIV巻　日本の経営学説Ⅱ